© für diese Ausgabe: 2012 by Transit Buchverlag GmbH
Postfach 12 11 11 | 10605 Berlin
transit-verlag.de

© für alle Texte von Else Lasker-Schüler:
Jüdischer Verlag, Berlin.
Wir danken für die Abdruckerlaubnis.

Alle anderen Hinweise auf verschiedene
Ausgaben bis zur Kritischen Ausgabe finden
sich in einer ausführlichen Editorischen
Anmerkung der Herausgeberin.

Umschlaggestaltung, unter Verwendung eines Fotos:
Nollendorfplatz, Berlin-Schöneberg, 1925.
Fotograf: Hans Casparius © Landesarchiv Berlin,
und Layout: Gudrun Fröba
Abbildung auf Umschlagrückseite:
Else Lasker-Schüler, Februar 1919
© National Library of Israel, Schwadron collection
Druck und Bindung: Pustet, Regensburg
ISBN 978 3 88747 282 5

ELSE LASKER-SCHÜLER
DIE KREISENDE WELTFABRIK

Berliner Ansichten und Porträts

Herausgegeben und mit einem Nachwort
von Heidrun Loeper

: TRANSIT

INHALT

DIE BEIDEN WEISSEN BÄNKE VOM KURFÜRSTENDAMM

Morgens standen sie plötzlich auf dem Kurfürstendamm wie vom Himmel gefallen in Mondsichelfasson. Die eine weiße Bank winkte den Letzten, die aus der Friedrich-Wilhelm-Gedächtniskirche kamen, freundlich zu, die andere weiße Bank lud eine blonde Schöne ein in aschgrünem Samt. Ich bin seitdem öfters an den weißen Bänken vorbeigegangen; gestern setzte ich mich zum erstenmal auf die eine, den Damm weiter, auf die andere. Guckte ich geradeaus, bot sich mir ein Kreuz- und Querbild. Man sieht es vielen Vorbeieilenden an am Operngucker in ihrer Hand, wohin sie wollen – zur Hochbahn – in einer halben Stunde fangen die Theater an. Andere kommen aus der Stadt, biegen um die Joachimsthaler Straße und kehren ein in das heimatliche Café des Westens. Kommen da zwei kleine, arme Mädchen; in ihrer Mitte ihren lebendigen, rotbäckigen Hampelmann, der sprechen kann. »Zwei Jahre ist er«, erzählen sie mir und streiten sich, wer ihn aufwarten, das heißt, wer mir von ihnen seine Kunststücke zeigen wird. »Wir sind keine Schwestern«, antworten die beiden gernegroßen Mütter, sie lassen schon behäbig das Kinn hängen, fürsorglich sind sie um ihren kleinen Kasperle. »Wir sind jede für uns allein.« Sie meinten damit, sie sind nicht einmal verwandt. Lieschen ist in Pflege, ihr Pflegevater ist Nachtwächter – manchmal legt er sich vor Müdigkeit, wenn er morgens nach Haus kommt, mit dem Bund Schlüsseln und der Laterne ins Bette. Das andere Lieschen, sie heißen beide ganz gleich, erzählt: Sein Vater helfe einem Zauberer. »Ein schwarzer Neger ist sein Papa!« Es ruft mich jemand von der Haltestelle der Elektrischen, ein Dichter im Florentiner, er will in die Kolonie fahren. »Reisen Sie alleine, Torquato Tasso, ich will mich noch auf die weiße Schwesternbank setzen.« Ich sehe mich nach ihr um, sie glänzt viel bräutlicher wie diese, von der ich mich erhebe; und ich zögere, mich auf die myrtenweiße niederzusetzen. Aber die beiden Verliebten da bemerken es nicht. Aus der Kirche treten schon die ersten Sonntaglinge, die Sonne spielt Orgel um das Haus mit ihren schlanken Strahlen. Ich verstecke mein Gesicht in dem großen Glockenturm – sehe, höre und denke nichts, und doch findet man sich auf den weißen Bänken wieder, wenn man sich verloren hat.

7

AM KURFÜRSTENDAMM
Was mich im vorigen Winter traurig machte…

Blumen werden bald blühen an beiden Seiten des Reitwegs am Kurfürstendamm. Wenn die lieblichen Reiterinnen an all dem Duft vorbeigaloppieren, dann ist es zu spät, ihnen zu sagen, daß die buntlachende Allee gesprengt wurde mit Schweiß und Blut Peitschender und Gepeitschter. Die Pferde vornehmer Landauer tanzen, ihre schwarzen Augen zünden vor Leuchten. Ich beginne sie mit ihren geplagten, wiehernden Brüdern zu beneiden. Die können nicht weiter durch den Hügel an Hügel aufgeworfenen Erdboden; ihre Hufe mußten sich selbst den Schmerzensweg bereiten. Da gibt es kein Pardon! Auch kein Mitleid der Spaziergänger, niemand will was mit den Fuhrleuten zu schaffen haben; in den neumodischen, wogenden Busen der Damen pocht kein Herz. Sie verhindern sogar ihre Männer, sich in Straßenangelegenheiten zu mischen. Manchmal stellen sich Kinder auf zur rechten und linken Seite des Dammes. Für sie ist es eine Unterhaltung, ein wirklicher Kientopp. Heute besah sich ein Schutzmann den unerhörten Vorgang. Aus einem Bäckerladen schickte eine Käuferin für die Pferde alte Semmeln. Ich sah über dem Gesicht des uniformierten Mannes eine kraftige Freude marschieren. Und ich bat ihn, ob er nicht eingreifen wollte. Er erklärte mir, die Fuhrleute sind nicht so schlimm wie ihre Brotgeber. Weigert sich einer der Angestellten, wegen der nicht genügenden Anzahl der Pferde an seinem Karren loszufahren, verliert er seine zwanzig Mark per Woche. »Da lauern schon immer genug Brotlose vor der Türe.« Für die zwanzig Mark. – Sie leben, sie peitschen, sie fluchen dafür. Ihre Rohheit besteht das Examen. »Dämlich Vieh, windelweich hau ick dir, faulet Luder!« Die Wut rinnt den Unmenschen über die Backen, den entblößten Hals hinab. Die Rücken der Tiere bluten vor Hieben. Wie sollen sie es anders machen? Verteidigt sie der Schutzmann. Denn es dauern ihn die Treiber ebenso wie die Pferde. Die Treiber, die nur zwanzig Mark verdienen pro Woche und sich so plagen müssen mit dem Vieh. »Es ist doch mal Vieh, es ist doch zum Ziehen da!« Ein paar Bürger stimmen ein in den bequemen Sang. Röhren sollen gelegt werden zum Ablauf des Wassers. Die Blumen, die bald auf beiden Seiten der Alleen wachsen, müssen bewässert werden. Gibt es denn keine

Maschinen, die die Erde schließlich aufwälzen können? meint ein sechs-jähriger kleiner altkluger Ingenieur. Er hält auch eine Maschine im kleinen aus einem Spielzeuggeschäft in der Hand. Die Männer toben. Wilde Australneger sind Engel dagegen mit ihrem Schlachtgeschrei. Ich aber fühle ebenfalls die schwere Schuld, die die Besitzer dieser Fuhrunternehmen treffen. Vorwurfsvoll schielen seine Knechte über die gefräßigen Pferde auf uns: Sie hätten selbst Hunger. Endlich aber entschließen sie sich, nach all den vergeblichen Peitschenhieben, die Pferde umzuspannen. Zu sechsen geht es doch besser über die holprige Strecke. »Ich hab das gleich gedacht,« gesteht der Schutzmann. »Aber sagen Sie mal was zu den Leuten!« Wenn die lieblichen Reiterinnen im Sommer auf ihren verwöhnten Schimmeln durch die Allee des Kurfürstendamms reiten, wird der Geranium zu ihren Seiten rot wie die vergossenen Blutstropfen der armen Pferde blühen. Sie hatten alle traurige Augen und ließen die Köpfe hängen.

IM NEOPATHETISCHEN CABARET

Tausend und Einer. Ich habe mich nicht verzählt, las auch, während ich die Köpfe zählte, Armin Wassermann Verse seiner Herzensdichter. Weich und derb, reich und superbe ist seine Sprache; dazu sein schwärmerisches, knabenhaftes Savoyardengesicht! – Ich suche nach einem Stuhl, der im Verborgenen blüht – endlich finde ich so ein Veilchen abseits am Tapetenrand; ich setze mich. Meine Tänzerin Zobeide, die sehr neugierig auf das Cabaret der Neopathetik ist, ruht schon lange müde zwischen weißen, lilagelben, roten und himmelblauen Mädchen; ein Dichter mit Honiglippen und zwei Augen, naschhafte Bienen, als einziger Tasso neben ihr und ihren bräutlichen Schwestern. Es betritt jemand den Ölberg des Saals und predigt über Kunst. Der Vortrag ist geistvoll, wenn man sich auch durch Mimik und Brille in die Schule zurückversetzt glaubt. Noch immer höre ich keine Gedichte von mir – warum lud man mich ein, zumal ich keineswegs objektiv bin? Auf einmal flattert ein Rabe auf, ein schwarzschillernder Kopf blickt finster über die Brüstung des Lesepults. Jakob van Hoddis. Er spricht seine kurzen Verse trotzig und strotzend, die sind so blank geprägt, man könnte sie ihm stehlen. Vierreiher – Inschriften; rund herum müßten sie auf Talern geschrieben stehn in einem Sozialdichterstaat. Ich muß immer ans Geld denken; wie man so runterkommt – wenn Zobeide, meine Tänzerin, ein Portemonnaie bei sich hätte, würde ich doch zu der Menschenhitze kein Glas Limonade trinken. Ich höre, wie ein Vortragender mit triumphierendem Gesicht Stefan Georges Dichtungen als Ruhepunkt bezeichnet. Das muß ich widerlegen. Stefan Georges Gedichte wandeln allerdings, ohne müde zu werden; nicht bunte Karawanen über Sandwege; aus ihnen weht die Kühle endloser Prozessionen zwischen frommen Schlössern und himmelblauen Domen. Die Orthographie der Georgeverse erinnert in ihrer Gleichtönigkeit leicht an englische Sonntagsruhe. War's das, lieber Vortragender? Gern hätte ich die Rede von Kurt Hiller, dem Präsidenten des neopathetischen Cabarets, gehört.

Zobeide, meine Tänzerin, will noch nicht mit nach Hause kommen.

WENN MEIN HERZ GESUND WÄR –
Kinematographisches

Wenn mein Herz gesund wär, spräng ich zuerst aus dem Fenster; dann ging ich in den Kientopp und käm nie wieder heraus. Es ist mir genau so, als ob ich das große Los gewonnen hab' und noch nicht ausbezahlt bin, oder auf einer Pferdelotterie einen Gaul gewonnen hab' und keinen Stall »umsonst« auftreiben kann. Das Leben ist doch eigentlich ein Wendeltreppendrama, immer so rund herauf und wieder hinunter, immer um sich selbst wie bei den Sternen. Ich bin in freudiger Verzweiflung, in verzweifelter Freudigkeit; am liebsten machte ich einen Todessprung oder einen Jux. Meine Freundin Laurentia zecht wie ein Fuchs, sie studiert die Sprache der alten Herren, ich meine Griechisch und Lateinisch und macht gute Fortschritte. Aber was geht mich das alles an; ich will nichts wissen, nichts. Wenn es nur nicht klopfen würde!

Das Gehirn wird rein aufgewühlt, es klopft nicht allein unten jeden Freitag und Sonnabend, jedes Stäubchen wird aufgewirbelt, es klopft auch an den anderen Wochentagen, denn ich wohne zwischen Haus und Haus und muß die Brutalität aller Höfe ertragen. Ich sitze immer bei geschlossenen Fenstern und werde gar nichts von dem Sommer haben; ausgehen kann ich nicht, ich schreibe Geistergeschichte; ich habe Schulden. Dabei zieht's wenn ich die Türen rechts und links und hinter mir auflasse. Ich trage seit dieser Wohnung ein Katzenfell; wenn ich abends wo eingeladen bin, überkommt mich eine furchtbare Angst, ich könnte anfangen zu miauen. Ich hab' gar keine Lust zum Leben mehr, wenn noch die Menschen gerne meine Lyrik lesen wollten; wer sie gern liest, der soll mir doch mal einen netten Brief schreiben. Ich muß nämlich wegen meiner Krankheit in Kleesalz baden, damit man nicht über mich ausrutscht. Ich habe dann immer so eine Langeweile in der Badewanne, und lese gerne schmeichelhafte Briefe an mich. Was einen schlechte Kritiken ärgern! Man hat doch sofort jemand gern, der einem schöne Worte schreibt. Es gibt sympathische Geschöpfe auf der Welt. Ich kann nur Weißgesichter nicht leiden, ich habe einen Argwohn gegen Licht. Darum nehme ich mir auch nur schwar-

Veranstaltungsplakat für das Variété Wintergarten, 1903

ze Mägde und Diener. Ich habe zwei Neger und zwei Indianerinnen; Tecofis Vaterhäuptling kommt manchmal nach Berlin und tritt dort mit seiner Truppe im Chât noir auf. Tecofi fragt mich, wenn sein Vater nach Berlin kommt, ob er bei mir in der Badewanne schlafen könne. Ich hab' nichts dagegen. Mein Somalineger ist königlicher Abstammung, sein Vater besitzt bei Teneriffa Hammelherden. Manchmal schickt er mir ein paar abgezogene Hammel, die kommen als Hautgoutragout hier an. Oßmann, mein jüngerer Neger, sieht aus, wie ein sinnender Gorilla im Pflanzenkübel. Böse Spezies, herrlich zu schauen, aber man muß ihn in Ruhe lassen; seit kurzem pfeif' ich auch nicht mehr, wenn er jemandem den Kopf abbeißen soll, er ist zu schade, zu wertvoll, um zu gehorchen, selbst mir. Meine beiden Indianerinnen sind emsige Mädchen, sie sind angestellt von mir, die Fäden meiner Logik zu suchen, die Logik meiner Unterhaltung zu finden. Manchmal suchen sie die ganze Nacht, ich fürchte, sie werden sich einmal in einem Augenblick an meinem Leitfaden aufhängen. Das muß man in Kauf nehmen, dunkle Leute sind schlechte Spürhunde, sie können nichts finden in der Nacht ihrer Haut. Halloh, was tät' ich, wenn mein Herz gesund wär? Ich glaube nicht, daß mein Herz aus Fleisch und Blut ist, rissig sind seine Wände; es hat weniger Augenblickswert als Ewigkeitswert, darum bin ich vollständig unbrauchbar für den Vorbeipassierenden, ich bin nur interessant für den Forscher. Immer klingelt es in den effektvollsten Stellen. »Hier 45, 24 wer dort?« »Pharao & Fils, Theaterdirektion, sind Sie Else Lasker-Schüler?« »Leider.« »Frohlocken Sie nicht, verzweifeln Sie nicht, meine Dame, ich frage Sie an, ganz ergebenst, würden Sie ein Engagement am Wintergarten annehmen, monatlich mit einer Gage von 10 000 Mark? Das macht im Jahr rund 100 000 Mark?« »Sie spaßen wohl, Herr, es ist doch nicht üblich, am Varieté länger als einen Monat die Artisten zu beschäftigen.« »Aber uns liegt daran, meine Gnädigste, Sie an unser Varieté zu fesseln.« »Es handelt sich wohl um meine arabische Szene, Herr Dr. Pharao?« »Ganz recht! Da Sie hoch zu Kamel über Theben sitzen.« »Herr, ich kenne Sie, so einen ungeschminkten Baß gibt es nicht am Varieté.« Schluß! Mein Brief: Herzallerliebster in Adrianopel! Er fragte mich nämlich an, ob er ihn noch liebe, bittet mich, ihn nicht zu belügen. Ich werde ihm doch keinen Stoff zur Lyrik geben, (er ist Dichter), »ich liebe ihn also! Basta!« Könnte ich doch auch ein bißchen nach der Türkei, zumal meine Vorfahren alle in Sänften getragen wurden. Das Gehen wird mir darum schwer. Wo bei Euch die Sohlen schon erkaltet sind, sind sie bei mir noch Glut. Wenn mein Herz gesund wär, was tät' ich dann? Einen Augenblick bitte! Ich würde mich pudelnackt ausziehen und mich in ein Süßwasser werfen, wo die sanften Fische leben, aber Schuppen kann ich nicht leiden. Oder ich ging nach dem Südpol und wärmte mich mal ganz tüchtig ein. Was soll ich noch machen? Ich blieb gerade am Wendekreis stehen, zum Trotz. Den Sternbildern würde ich Schnurrbärte malen. Ist es nicht himmelschade, daß mein Herz nicht gesund ist? Vom Mond kommen die Herzkrankheiten, namentlich die Neurosen. Alle Krankheiten kommen von oben. Hier unten ist es ganz nett. Darum stürzen auch so viele Aviatiker vom Himmel herab; das Fahrzeug platzt ja gar nicht, die Fallsucht kriegen sie alle, je höher sie die Bazillen der Gestirne einsaugen. Wie die Aviatiker aussehn: wie die Vögel, ihre Nasen sind Schnäbel und die Köpfe strecken sie in die Höhe. Ein neues Menschengeschlecht. Ich hab' kein Geld, aber darum kann ich mich doch nicht von der Welt abschließen, zumal ich ganz allein umsonst in den Himmel gehen kann. Außerdem bot man mir die Regierung in Theben an; ich regiere sogar schon pro forma. Die Leute in Berlin sagen, ich habe eine fixe Idee. Das heißt, im Grunde eine Beschäftigung. Ich bin der Prinz von Theben. Nur Kaiser Nikita kann mir nachfühlen, was Regieren heißt. Ich habe wie

Für Aviatiker: Luftfahrt-Ausstellung in den Ausstellungshallen am Zoo, 1912

er ein bunt' Volk. Nachts liege ich auf dem Dach, und bei Tage sitze ich unter meiner Palme und regiere. Ich bin für alles verantwortlich; mein Volk schielt noch vor Ungewißheit, es meint, ich mache Ulk, aber auch der Ulk ist mir bitterer Ernst. Ich bevorzuge nichts – nur einige Menschen. Bin ungerecht, weil ich Geschmack habe, künstlerischen Sinn habe; meine Rede ans Volk bedient sich nicht des Punktes, weil ich mich nicht binden will. Ich bin am tolerantesten gegen mich, ich bin gnädig gegen mich, ich bin einig mit mir, aus Diplomatie, weil sich mein Volk an mich halten muß. Ich denke nur viel, sehr arg, unmittelbar, ich lasse alle meine Gedanken ganz nahe an mich herankommen, damit sie das Fürchten verlernen. Wenn ich nur nicht schon in der Frühe von so vielen muselmännischen Barbieren gestört würde, die mich tätowieren wollen, von abendländischen Malern, die mich porträtieren wollen. Nachts werde ich im Schlummer auf meinem Dach gestört von meinen Paschas, die vor Begeisterung meines Regierungsantritts nicht ruhen können. Sie haben immer in der Audienz, die ich ihnen erteilte, eine Frage unaufgeworfen vergessen, die sie treibt. Seitdem ich als regierender Prinz in Theben gewählt bin, bewegen sich viele Ehrgeizige in derselben Tracht und Gebärde in den Straßen der Stadt, die mir zu gleichen trachten. Meine Epigonen! Denn regieren ist auch eine Kunst, eine Eigenschaft, wie die Malerei, die Dichtkunst und die Mu-

14

sik. Die Epigonie aber ist eine Tätigkeit, darum bringt die Epigonie was ein, wie die Arbeit. Ich arbeite nie, ich hasse den Schreibtisch – zwar hab' ich selbst einen – aber er ist nie ganz gewesen. Heute Nacht, da meine Neger schliefen, erbrachen die Paschas gewaltsam die Pforte, die zu meinem Dache führt, wegen der Freimarken. Ich wurde in der Nacht noch im Profil (Seite steht mir besser wie en face), im Turban und Regierungsmantel photographiert in allen Farben; auf allen Postämtern meiner Stadt verbreitet man Mich Allerhöchst.

UNSER CAFÉ
Ein offener Brief an Paul Block

Sire, Sie möchten etwas aus unserem Café wissen, aber unser Café ist schon seit ungefähr Pfingsten nicht mehr unser Café. Gestern las ich in einer Chicagoer Zeitung, die mir meine Schwester aus Amerika sandte, schwarz auf weiß, warum unser Café nicht mehr unser Café ist, bitte hören Sie, Sire. »Früher war das Stelldichein all dieser ›Radikalen‹ das Café Größenwahn. Aber eines Tages verbot der Besitzer der Dichterin Else Lasker-Schüler, die zu diesem Kreise gehört, das Lokal, weil sie nicht genug verzehre. Man denke! Ist denn eine Dichterin, die viel verzehrt, überhaupt noch eine Dichterin? Sie empfand das mit Recht als eine unerhörte Beleidigung, als schimpfliches Mißtrauen gegenüber ihrer dichterhaften Echtheit. Ebenso dachten die anderen. Daher verließen sie empört das Lokal.«

Ob das alles nun wortgetreu wiedergegeben ist, – jedenfalls begab sich die Schreckenstat an einem Sonntag, meine Seele wurde Werktag, bäumte sich auf und sehnte sich nach Revolution. Kein Vers, keine Stimmung, kein Pathos, nicht der schäumendste Überschwang hatte unsere Gemein-

Café des Westens, Kurfürstendamm, Ecke Joachimsthaler Straße, um 1909

schaftlichkeit so fädenverstrickt zusammengerollt, wie diese unerhörte Begebenheit; Herr Café-des-Westens hatte mir, uns allen, das Betreten seines Cafés ein für allemal untersagt. Ungeheuer! Allerdings, wenn ich auch nichts verzehrt hätte. Aber dem war nicht so, ich war gerade im Begriff, meine zweite Bestellung zu entrichten, Schokolade mit Sieb (da ich die Haut nicht mag), als Herr Café-des-Westens aus einer Ecke auf mich Lesende losstürmte und rief, es geht nicht, daß Sie hier sitzen bleiben, ohne etwas zu verzehren!!! Neben mir saß mein Reichskanzler Bisam O. Er ist feig, aber seine rosa Haare standen Hügel, wurden brandrot und sprühten Feuer. Dann kamen hintereinander meine verehrten Freunde, die Häuptlinge und die Schlacht begann.

Soll ich Ihnen nun noch über die früheren Ereignisse dieses Cafés erzählen oder genügt es, wenn ich Ihnen sage, Sire, daß wir dort die schönsten Abende, namentlich zu Zeiten Lublinskis, erlebten; den haben wir alle kolossal verehrt, und er lachte selbst herzhaft, wenn ihn der »Blümner« nachahmte. Unser Zorn liegt nun über dem Café des Westens wie über einem verlorenen Paradies, in dem wir nicht sündigten, aber das an uns sündigte. Als wir auf der Straße standen, gedachten wir mit Wehmut des Gründers unseres verlorenen Cafés. Herr Rocco hatte es sich als besondere Freude angerechnet, daß wir Künstler in seinen Räumen verkehrten; wir Künstler haben sozusagen das Café des Westens mit auf die Welt ge-

Café des Westens, Innenansicht, um 1909

17

bracht, wir Künstler haben ihm das erste Feierkleid geschenkt, wir Künstler haben es zur Königin aller Cafés erhoben! Einer von uns hielt diese Rede in die Nacht hinaus, ich glaube, ich war's, und den Chor gaben meine tiefergriffenen Kameraden und Kameradinnen. Allerdings war Rocco kein Bär, noch nicht einmal ein Tanzbär, keinesfalls ein Brummbär. –

Nur einmal in der Woche treffen wir uns nun Konditorei Josty am Zoo, wir wollen keine Kaffern mehr sein. Auf einer Erhöhung sitzen wir an zwei Tischen, und Sonnabend halten wir Geheimsitzung. (Unter Diskretion bitte.) Wir wollen Herrn Café-des-Westens zwingen, sich zu entleiben, ich schlage vor, mit dem Cafélöffel. Bitte, hochverehrter Sire, kommen Sie doch unverhofft einmal, aber machen Sie sich keine Illusionen. Wir sind ganz leise und flüstern, scheint's nur so von Mund zu Mund, lauter Spielereien. Wäre doch einmal nur einer größenwahnsinnig. Hysterisch sind nur Dilettanten. Manchmal aber reißt einer unseres Stammes schnaubend die Türe der Konditorei Josty um Mitternacht auf, den Tubutsch im Gewande. Doch unsere größte Überraschung bleibt, wenn unser Sänger kommt, der Dresdener Hofopernsänger Franz Lindner. Aus der Liedertafel holte ihn mein Heimatfreund Paul Zech. Noch sitzt überfließender Tenor in seiner Kehle, er muß uns den Rest weich über den Tisch herüber singen. Dann kommt eine innige Freude des Beisammenseins über uns, denn wir Künstler sind Kinder.

Die junge Reitkünstlerin Miß Ella kehrt in die Manege zurück und schlägt die ausgelassensten Purzelbäume. Und dann kommen Paolo, Luigi und Alberto, die drei Gigerl, und treiben aneinander Gymnastik mit der markigen Beweglichkeit großer Leonahrder Hunde. Vier braune, ungarische Pferdeprinzen, deren Haut unter dem Schein der vielen Kristallsterne wie Gold glänzt, tanzen mit wilder Anmut und königlicher Grandezza. »Als ob sie Musik in den schlanken Waden haben!« sagt mein Begleiter zu mir. Und nun das Intermezzo der beiden Clowns. »Er ist mein Bruder,« kreischt Aujust, der blöde Aujust, der amüsante Idiot. Wie ein Gänserich watschelt er in seinen sackweiten Hosen quer durch die Manege. Fräulein Marinka, die sanfte, graziöse Erzieherin auf einem ihrer zwei artigen Pferde sitzend – ringelrangelreihe singen die Geigen – und ihre beiden Zöglinge springen vor Vergnügen. Und wieder ertönt die Musik hoch oben vom Zirkus, das sind heiße Carmentöne, walzerartig in runden Klingen geblasen. »Hier ist die Verunstaltung erträglich,« sagt mein Begleiter zu mir, »es paßt zum Milieu.« Und immer lauter werden die Klänge … in schimmernde, mattfarbene Stoffe gehüllt kommen reizende Spanierinnen geritten und feurige, spanische Kavaliere. Heißer und tollkühner wird der tanzende Ritt; die bacchantischen Donnas sausen wie Feuerstürme über den Sand, auf dem Rücken ihrer Zauberrolle liegend – indessen die Senores mit liebenswürdiger Höflichkeit aufrecht zu Pferde, dem Winke ihrer Damen harren.

Aujust! Aujust! Wo bist de, Aujust? Da steht er ja, versteckt hinter der niedrigen Brüstung der Manege und heult in Trompetentönen, daß alle Herzen Purzelbäume schlagen und immer höher wächst er, immer höher. »Det hat keenen juten Anbejinn und een langet Uffwehen,« quietscht Aujusten sein Bruder mit den wulstigen Mehlbacken und der Haardüte auf dem spitzen Kopf, indessen Aujust die Manege in Melancholie, langsam wie ein wandelnder Turm durchschreitet. »Det Luder ist maschuche jeworden, weil der kleine Cohn sinn Vater is!«

Schon harren die drei blonden englischen Reiterinnen in blauer Seide; lovely Girls, drei holde Mädchenenzianen. Hei, wie sie springen, bergauf und herunter von dem Rücken ihres wiehernden Vogels. Nun trägt er sie alle drei über den Sand in tausende Märchen, weithin, in blaue Gärten... Ich entwand meinem Begleiter die weiße Rose, die über seinem Herzen blühte. »Miß here! catch it!«

10 Minuten Pause!

»Wie gefällt es dir!« »Es ist wie ein blühendes Abenteuer. Es ist, als ob ich brausenden, dunklen Wein trinke, und ich vergesse alles was grau ist und hinkt. Ich sitze in einem bunten, jauchzenden Schoß, und um ihn herum wachsen ragende Gefahren, die aber lustige Kleider tragen.« Wir gehen durch die weiten Korridorhallen. Galawagen auf Goldrädern, Riesendrachen aus Papiermaché, zusammengeklappte Bretterhäuser, Fässer, allerlei Gerümpel, Kostüme mit Silberfransen, Steinen und Perlen liegen in übermütiger Unordnung zwischen dem Mobiliar. Wir treten in die Ställe ein: da stehen die herrlichen Schimmel mit der silberschimmernden Haut und den Seidenschweifen, wie helle Rosen des Frühfrühlings. Und dort die finsteren Rappen mit den großen Feueraugen. Eine kleine Treppe führt uns abwärts in die Stallungen der Elefanten – diese grauen, schweren Gebäude aus Fleisch und Knochen mit den winzigen Guckaugenfensterchen. Als wir wieder auf unseren Plätzen saßen, war die Manege mit eisernen Gittern umzäunt. Zwei mächtige Löwen schreiten in den Käfig und hinter ihnen die anderen Könige der Kraft. »Nero! Herkules! Dorthin! Willst du! Vite, vite! Ah, mon cher.« – und dann wieder im gebrochenen Deutsch: »Aben Sie die Güte, mein Freund.« Mademoiselle Claire, du grausamste Braut! Mit erhobenem Arm, mit drohender Liebenswürdigkeit beugt sie den Willen ihrer grimmigen Sklaven. Ihr weißer Hals lockt wie Süßigkeit, ihr blendender Hals, das Ideal ihrer brüllenden Verehrer. »Ah, messieurs! Hektor, Agamemnon, Kambyses, dînez, s'il vous plaît.« Und sie tafelt ihnen blutende Leckerbissen. Das gierige Brüllen und Knurren dröhnt durch die weiten Räume des Zirkus in aufwachsender Wildheit. Hastig eilt der Diener herein und wieder heraus aus dem Käfig, Gerätschaften bringt er, Kugeln, Stangen, Fässer holend, Stühle und Tische – aus Gauklern besteht die gefährliche Truppe. »Genug, Madame Claire!« Nero muß sich noch auf dem Seil produzieren. Gewandt, wie ein Seiltänzer dreht er sich, in der Mitte des Seiles angelangt, um sich selbst. »Brav gemacht!« Seine Brüder sind schon alle gefangen in der kleinen Nacht ihrer Wagenherberge, und er allein liegt noch ausgestreckt, wie im Sande der Wüste und schlummert. »Nero, wache

Akrobaten des Zirkus Busch, Burgstraße, 1925

auf! Nero, ich muß bitten« – aber Nero rührt sich nicht, er öffnet zwar seine gelben Augen – und ihn auf den Schultern nach Hause tragend, wie ein müdes Baby, durchschreitet die furchtbare Heilige, die heilige Kriegerin, eine Siegerin, das Eisentor.

Als der Direktor seine zwei Perserhengste vorführte, sah ich zwischen den Tönen der tanzenden Musik noch die grimmige Pranke Agamemnons, die nach seiner Schönen ausholte und das schwärmerische Anschmiegen Neros.

Im Eingang der Manege stehen zwei Riesenelefanten, zwei Schulräte an Ruhe und Würde. Etliche helle und dunkle Pferdchen springen, fleißige Schulbuben hinter einigen größeren Apfelschimmeln, die ernst und gravitätisch in der Mitte des Zirkus haltmachen. Aber in fauler Gemütsruhe spazieren die kleinen Elefanten herbei, und dann ungeduldig die mutwilligen Zebras mit den glänzenden Streifen auf der Haut. Und nun laufen sie allesamt in verschiedenem Tempo, als ob sie artig das ABC sagen. Tatrata tönen die Trompeten und die Hörner, Reiter und Reiterinnen in ziegelroten Tuchanzügen, galoppieren in ihren schlanken Rennern über Zäune und Hecken, dem Edelwild nach, den Hirschen und leichtfüßigen Gazellen – und da läuft ja auch der Aujust in rasender Angst durch den weiten Manegeraum und hinter ihm ein Wild mit einer vielästigen Geweihkrone. Die Puste jeht Aujusten aus. Er stöhnt, er schreit und gestikuliert mit allen Vieren. »Herr Stallmeister, retten Sie mir!!!« Und zum Schluß: Mr. Bob, the little gentleman, mit seiner kleinen sechsjährigen Dame auf dem Pferde...

Noch in Hut und Mantel stehen die Zuschauer vor ihren Plätzen. – Es kann doch eigentlich noch gar nicht aus sein – tuuht, tuuht! Über die Manege des Zirkus senkt sich schwer von der Decke des Zirkus eine Riesenfeuerglocke. Aujust ist durchgebrannt!! Rotumhüllte Clowns, wie in Glut gebadet, wandeln knurrend über den Sand, immer auf und ab; die Anführer tragen Aujustens Herz aus kariertem Zucker auf einem roten Kattunkissen. Aber da steht er ja oben auf dem Olymp: »Aujust, sollst mal runter kommen! schallen tausend Stimmen durcheinander – aber Aujust steht drohend aufgerichtet, seine Nase ist spitz wie eine Nadel, seine Augen sind wutrot aus den Höhlen getreten. Düstere Zettel fliegen auf das Publikum. Er streikt, er beansprucht im Namen der Clowngesellschaft mit beschränkter Haft erhöhten Lohn – er droht mit juten Witzen. Und mit einem langen Purzelbaum setzt er über unzählige Köpfe lachender Hörer hinweg durch eine der Ausgangstüren. – Die vielen Lichter werden trübe, wie müde Augen – ich und mein Begleiter sind die letzten der Aufbrechenden – der große Zirkus ist ganz allein.

TIGERIN, AFFE UND KUCKUCK
Tierfabel

Zirkus Busch ist in seinem Extrazug von Berlin abgereist. Ich bin zu seinem Abschied auf die Bahn gekommen, früh am Morgen; der Komet stand noch über der Sternwarte, aber die Zirkussterne, Schulreiterinnen, Jongleure, Auguste, der Riese mit dem Zwerg, der große Bär, die Elefantin, das Dromedar, der glitzernde Galawagen, alle waren sie im Lauf und bald im vollsten Zuge. Noch lange hörte ich das Brüllen der Tigerinnen, nie haßte ein Mann so wütend das Weib wie der Bändiger dieser gestreiften Katzenleiber. Der Puls des Zirkus blieb stehn, trat der unerschrockene Sultan in das Gittergemach seiner brüllenden Sklavinnen. Er mißbraucht sie nicht zu Kunststücken, läßt er auch die Kunstreiterin seiner Tigerinnen durch einen Papierreifen springen. Wollust bereitet ihm, seine wutschäumenden Tigerweiber mit Stangen und Schüssen bis zur Wutekstase zu reizen und sie zu bezwingen. Schschschschschsch – sch – die beiden eleganten Brüder Fillies und ihre graziöse Schwester werfen noch einen kurzen Blick auf den Perron, der Clown mit der genialen Ungeschick-

Zirkus Busch, Burgstraße, um 1910

23

lichkeit verlangt auf idiotisch vom Zeitungsträger den »Ulk« – Sch… Berlin hat sein größtes Kind eine Weile verloren, den Zirkus; wo geht man nun hin, um zuzugucken? Wie ein Mensch soll der Affe sich im Wintergarten benehmen. Herr Darwin, der Enkel des großen Zoologen, wird mich ins Varieté begleiten. Es ergreift ihn, so einen gebildeten Vorfahren seiner Baumzeit zu sehen. Ich bin ebenfalls von dem fletschenden Erzurgroßvater entzückt. Ein Gourmet ist der greise Herr, keineswegs lebt er von Luft und Erkenntnis. Der verwandte Künstler da oben verzehrte ein Menu von Dressel und regalierte sich an Heidsieck-Monopol. Mit Verbindlichkeit raucht er die Zigarette, die ihm ein Bewunderer verehrte. »Es ist Zeit« noch prüft er die Zeiger auf seiner Uhr. – Ich möchte mich auch in ein solches Prachtbett legen – ich bin müde – die Nacht vorher brachte ich, mich verirrend, in der Kolonie Grunewald zu; im Nieselregen auf einer runden Sommerbühne, worauf die Gärtner Kiesel legen. Nasse Nacht, kein Komet mehr. Ich war trostlos. Plötzlich rief der Kuckuck – ich bezog es zuerst persönlich, aber so unhöflich sind nur die Kuckucksuhren. Dieser da zwischen jungem Grün, zwischen April und Mai, ist ein vortragender Künstler, ein wundervoller Komiker. Also gibt es wirklich Kuckucke? Ich dachte immer, es sei eine Fabel.

SPITZE
Der erste Spitz: Lump

Viele haben ihr Steckenpferd, ich meinen Spitz. Es sind die weitaus klügsten Hunde unter den Hundevölkern und ich kann von ihnen erzählen. Von unserem Nachbarn der Spitz bellte wütend, wenn sich ein Bettler dem Tore seines Gartens näherte, die ganzen Leute auf die Straße heraus. Bis sein Herr selbst aus dem Hause trat, aus dessen Fenster des obersten Stockwerkes meiner Freundin Oberkörper balancierte, bis ihre munteren Augen mich vor der Hecke, die unsere Gärten trennte, entdeckten. Im Nu standen wir beieinander; zu uns gesellten sich meiner kleinen Busenfreundin rothaariger Bruder Fritz und der Lump. So hieß der Spitz. Und er schnupperte schon in meinen Taschen herum, darin die Würfelzucker für ihn steckten. Sein lautes Bellen machte mich nervös. Das wußte er und ohne jeglichen Anlaß sprang er mir ohrenzerreißend entgegen. Er war eben ein kluger Spitz, und wenn sich das kleine Geschwisterpaar ohne ihn fortgeschlichen, fehlte er mir doch. Er hatte lange, silbergraue Haare, von der Farbe des Haupthaars seines Herrn, des alten Herrn Springmayer, der uns Kinder immer von neuem belehrte, seinen Hund mit bezwungener Rührung betrachtend, er sei eine teure, echte Rasse! Es schmolzen schließlich seine starren eisigen Augen, und der böse Friedrich kitzelte uns Mädchen heimlich die Nacken. Der Herr Springmayer sparte wohl darum auch nicht in der Ausgabe des Halsbandes seines bellenden Kleinods; aus rotem Saffianleder mit Schellen besetzt! So eins trug Lump. Und die kleinen Glocken begleiteten sein kluges Anschlagen. Der Hund gehörte zu Familie Springmayer; einfach: »Springmayers Spitz«. Im Sommer wurde er geschoren, gerade zu seinem Geburtstag, dem 17. August, und ich werde nie den denkwürdigen Tag vergessen, in meinem ganzen Leben nicht, – da zu Spitzens fünftem Wiegenfeste der Vater Springmayer, der seines verschlimmerten Stockschnupfens wegen verhindert war, seinem Sohne Friedrich die Schur des Lieblings anvertraute. Mit prüfendem Blick wurden auch wir zwei Freundinnen entlassen, die wir uns den Fritz zu begleiten anboten. Wohlgemut zogen wir mit Vater Springmayers Hund los, ihn scheren zu lassen nach genauem Befehl. Da geschah es, daß der übermütige junge Hundefriseur bitter Ernst machte, ihm, der nur am Hinterviertel gestutzt werden sollte, den ganzen Pelz radikal abrasierte. Uns, die wir vertieft waren im Angukken der Instrumente und Flaschen und allerlei hinter dem Glas, entging die Untat, und wir bemerkten sie erst mit Schauern, als sie verübt war. Pudelnackt führten wir den geschändeten Spitz willenlos durch die Straßen der Stadt. Vor dem Schaufenster eines Metzgerladens blieb unser Lump energisch haften; weniger der Würste als der klargeputzten Scheibe wegen, in der er sich mit großen Augen spiegelte. Ihn, der sich nach der Schur wohlzubefinden schien, erfaßte eine Panik sondergleichen. Er ließ, wie wir vor ihm schon den Kopf, seinen Schwanz sinken, erhob zu jedem von uns stumm den klagenden Blick, beschnüffelte das blanke Glas, kläffte mich und Fritzens Schwester vorwurfsvoll an, sprang dem Fritz jammernd um den Hals und weigerte sich, uns weiter zu folgen. Er kannte wie wir den alten Herrn, der für seine sämtlichen Blagen, wie man an der Wupper die Göhren nennt, nicht seinen Spitz hergegeben hätte, zumal er sich zu Ruhe gesetzt hatte und die Kinder zu Familienphotographien nicht mehr benötigte. In seinem Photographenatelier im östlichen Teil des Gartens wohnten seitdem Kakteen, geläutert, wie in einem gläsernen Missionshaus. Morgens pflegte er sich mit der Bibel zu den heidnischen Gewächsen zu begeben, um ihnen die Schöpfungsgeschichte vorzulesen. Der Fritz schmockte in der Zeit den Tabak aus seines erbauten Vaters langer Pfeife, im buntgestickten Lehnstuhl gemütlich hingeflegelt. Wir Kinder erinnerten uns zur gleichen Zeit an die von ihm behüteten stacheligen Möpse und grünen Schlangen in Irdentöpfen – und wie liebte er den Spitz erst!! Den strengen Vater fürchtete Fritz allein auf der Welt; sein gelehrter Direktor war ein Schaf gegen die Autorität seines Papas. Kreideweiß, seine Knie schlotterten, trug er das Tier in seinen bebenden Armen. »Ich springe verdeck in die Wupper!« Seine Schwester hielt Spitzens rechte, ich seine linke Pfote. Auf einmal befreite sich der Hund von unseren Händen, sprang über Fritzens Schulter gerade einer Bulldoggin auf den Rücken, die, wahrscheinlich im Glauben an einen ihr drohenden Lustmord, unseren geliebten Lump in die bloßgelegte Kehle biß, so heftig, daß er verendete – unser lieber, lieber Spitz! – aber wir Hinterbliebenen waren gerettet. Spitzbub im Mundwinkel, doch traurigen Herzens traten wir den Leichenzug an – heimwärts. Als ob er es ahnte – trotz herannahenden Wetters erwartete uns der alte Herr Springmayer niesend vor der Pforte seines Gartens und wir im Chor begannen unter Tränen dem entsetzten Mann

26

die Ballade zu deklamieren, die der Fritz unterwegs erdichtet und uns ein-studiert hatte, welche der Vater Springmayer ergeben entgegennahm. Ja, er versuchte sogar, uns schluchzende Kinder nach Möglichkeit zu trösten, und lobte unsere Geistesgegenwart, den verwundeten Spitz zum Tierarzt getragen zu haben; der ihm zur Hinterschur noch den Oberkörper ent-haarte, der Wunde besser Herr zu werden. Aber während der Behandlung starb der liebe, liebe Lump... Am Nachmittag trafen wir Kinder uns auf der Farrersbeck, einem nahen Ausflugsort, an Farren und leckeren Blau-beeren vorbei im Wald, an dessen Niederung unsere Häuser lagen. Wir kicherten vertraulich, bis der Fritz uns drohte, falls wir ihn je bei seinem Vater verklatschen sollten, er uns durchbläuen werde. Dazu brach er vom Rosenstrauch einen Ast ab, säuberte ihn mit seinem Taschenmesser und bog ein Kreuz daraus. Noch am Abend holten mich meine kleinen Freun-de zum Begräbnis. Der alte Herr Springmayer war eifrig dabei, Spitzens Grab zu graben mit seiner großen Schaufel. Eine Träne kroch ab und zu über seine Augenlider die morsche Backe herab; jedesmal nahm er sei-ne Brille von seinem Gesicht, wischte sie mit seinem rotpunktierten Ta-schentuch wieder klar. Wir pufften uns und hatten Mühe, nicht auszuplat-zen. Ein strenger Blick traf namentlich den Sohn Friedrich, aber der nahm sein Kreuzchen, drehte die braunen Augäpfel zum Himmel, in der Zeit seine Schwester die Hände faltete, ihr Abendgebet sagte: »Ich bin klein, mein Herz ist rein, soll niemand drin wohnen, wie Spitz allein«... Und ich, mächtig ergriffen, holte ein paar Vergißmeinnicht aus dem Gras, blaue und rosa, legte sie schüchtern auf Lumps Hügel. Der Vater Springmayer aber hatte aus einem Zigarrenkistendeckel eine Gedenktafel geschnitzt, auf die er mit dem Pinsel unauslöschlich pechschwarz geschrieben hatte: »Hier ruht mein treuer Wächter Lump in Frieden.«

Der zweite Spitz: Oskar

Dessen Bekanntschaft ich machte in einer Gauklerbude in der Passage im Zentrum Berlins. Ich wußte damals noch nicht, was ich den Tag über tun sollte, und verbrachte den ganzen Vormittag hinter plakatbeklebter Brettertür. Sah der bunten Geschäftigkeit der summenden Chansonet-ten zu, ersetzte dem Zauberer den Gehilfen; Berlin hatte es ihm angetan. Bald verstand ich wie der Hexenmeister im schwarzen Holunderbart, aus den magischen Eiern mysteriöse Lachtauben zu zaubern. Ich ordnete außerdem auf einem großen Tablett die flitternden kleinen Sträußchen aus zierlichen farbigen Federn und künstlichen Blümlein, die zum Schluß der Vorstellung der Magier aus einer Serviette elegant hervorzulocken verstand und den Damen ins Parkett zuwarf. Ernstes Interesse hegte ich allerdings nur für den mit einem Kartenhut bekleideten Spitz. Er war ein 66-Künstler, ein Kartenchampion. Noch nie gelang es einem einzigen aus dem Publikum, mit ihm siegreich zu spielen, die Partie zu gewinnen. Seine Freundin Grete, ein weiblicher koketter, aber aufopfernder Pudel, sprang durch Reifen und tanzte auf einer Silberkugel vor den Zuschauern, außerdem aber bemühte sie sich, dem Freund das Leben zu erleichtern; Oskar war ehrgeizig, wie nie ein Spitz vor ihm auf der Bühne stand, und er wäre am liebsten jedem Clown oder jeder weiblichen Nummer, die sich überproduzierte, einfach an die Kehle gesprungen. Alles verhinderte die Pudeline, wenn sie auch ab und zu vorsichtig mit ihrer gelockten Seidenpfote dem Spitz den Vorhang zur Kontrolle zurückbog, der das Künstlerzimmer von dem Zuschauerraum trennte und zu gleicher Zeit für etwaige Bedürfnisse den Leuten die Toilette ersetzte. Namentlich das Weaner Madl war's, die jeden Abend, ob ihr Beifall gespendet wurde oder nicht, ein Liedel beizugeben sich anschickte. Der Spitz kannte die Storchenmär in blöden Trillern nun schon auswendig, sie beleidigte ihn, zumal er mit Störchen groß geworden war und aus Erfahrung behauptete, daß der Storch kein besonderes Interesse hege, zur Vermehrung der Menschheit beizutragen. Ich war nun mal in Oskar verliebt, ließ mir immer wieder seine Lebensgeschichte erzählen. Geboren ward der Spitz in einem märkischen Städtchen, ebenfalls im August, wie der Lump meiner ersten Erzählung. Und zwar zur selben Zeit mit zwei Störchen, die alsbald nach Würmern klapperten auf dem Dach im Nest eines drallen Bauernhauses. Endlich kam Spitzens Nummer: Professor Oskar, der erste 66-Meisterspieler der Welt. Große Neugierde im Publikum und Lärm. Er aber betrat mit vollendeter Kinderstube die Bretter, die die Welt bedeuten. Ich bemühe mich, folgenden Vorgang kühl und sachlich wiederzugeben. Mir liegt daran, den Lesern das Bewußtsein der Tiere zu beweisen, ihnen ans Herz zu legen. Mit dem Instinkt ist's nämlich nicht abgetan, verehrte Herrschaften. Attention! – Professor Oskar springt auf den erhöhten Stuhl vor seinem kleinen Spieltischchen, das, auf gelbgestrichenen hohen Beinen, dem Publikum freien Durchblick gewährt. Also ein jeder von den Zuschauern ist imstande festzustellen: Weder der Direktor noch jemand von der Truppe hat die Hand im Spiel. Auch ich meldete mich, da 66-kundig, mit dem Maestro zu spielen. Der Spitz blickte forschend über das Publikum; ich saß an seiner rechten Seite, beide von der Menge streng kontrolliert. Ich mischte die Karten, legte meinem Partner die seinen vor ihm offen auf den Tisch; die meinen hielt ich in der Hand, genau wie ich sonst mit einem zweihändigen Geschöpf zu spielen pflegte: Professor Oskar befand sich also demnach im Nachteil, und dennoch entwickelte sich ein Kartenspiel, wie es sich zwischen zwei erstklassigen Spielern in seltensten Fällen ereignet. Ich vergaß tatsächlich, einem Hunde gegenüberzusitzen, begann mich anzustrengen, glaubte ihn schon in die Falle gelockt zu haben mit meiner vorletzten Pik-Zehn, aber der Meister klopfte mit seiner schwarzen Pfote erregt auf seinen Pik-König, den ich für ihn auf meine Karte legte. Es ging um die Wurst nun, und wie sich Spitzens Stirn angestrengt in Falten legte, seine klugen Augen erwägend in die Höhlen zurücksanken. Er kalkulierte, beobachtete mich listig, bis seine letzte Karte: Cœur-Dame, über meinen Cœur-Buben siegte. Das war die dritte Partie 66 in derselben Abendvorstellung, die mein Partner gewonnen hatte. Den Kopf vorgestreckt, erwartete er den Lorbeer aus Zucker. Bald kamen alle Berliner, mit Spitz »66« spielen. Das kleine Theater aus Brettern und perlgenähten Gardinen avancierte zum Hofvarieté. Ich durfte vormittags den Spitz und die Pudeline verwarten. Die Hunde wurden mir mit Haut und Haaren anvertraut, in der Zeit der Direktor und die Komödianten im Piratenkeller saßen und die abendlichen Einnahmen versauften.

DIE SONNE

Wenn ich von meinen Vortragsreisen wieder nach Berlin fahre, blättern meine Augen vom Wagenfenster aus im lebendigen Bilderbuch der Welt, und bei meiner letzten Heimfahrt geschah es, daß die untergehende Sonne tatsächlich mit mir sprach. Ich weinte allerdings etwas und ich forderte ihr Mitleid heraus, aber ich war wie ein Kind, an dessen Wimper eine Träne hängen blieb. Die sah die weiße Sonne, die ich anfänglich für den Mond hielt; es war schon Dämmerung vorbei, und ich müde und verschlummert vom Angucken der gestreiften Äcker und der Blumenlust der Wiesen, der weiterschreitenden Bäume; die Tannen und Pappeln laufen auf Meilenstiefeln dem eilenden Eisenbahnzuge aus dem Wege. Ich glaube, sie hassen den Schnelläufer, er erschreckt die Birkenbräute und die Eintracht des Wachstums, sein Atem bestaubt die silbernen Ähren auf dem Felde und ihr himmlischer Verbündeter verregnet mit Freuden die graufunkenschwarze Fahne, die dem Zuge entweht. Ich blicke in den entgasten weißen Mond, in das kleine Zelt des Friedens. »Es ist die Sonne«, betonte eine Mitfahrende. Sie verstand besser die Geographie des Himmels und der Erde als ich, denn schon bevor der Zug hielt, wußte sie, wo wir anhalten werden; das kleinste Dorf war ihr geläufig. Ich fragte aber noch einmal den treuen, weißerfüllten Kreis: »Bist du die Sonne? So erleuchte meinen Glauben an diese Welt, in der ich leben muß, Jahr für Jahr, Stunde für Stunde und ihre sechzig Minuten; wachbleiben muß, des alltäglichsten Kämmerers Untertan. Und ich möchte schlafen wohl tausend Zeiten, die geschlafen werden könnten in einer Wunderminute.« Ein Hase rannte erschrocken über den Weg, und ich sah zum erstenmal in der Freiheit einen Hirsch, auf seinem Kopfe gelbbraune Zweige. Er ließ sich nicht verscheuchen vom stürmischen Drängen meines Herzens noch von der Eile unserer Maschine, und ich lächelte fragend die weiße Sonne an, die plötzlich von einem Zauberwort des lieben Gottes in einen glühendroten Spielball verwandelt wurde und mir – in den Schoß fiel.

PETER HILLE

Es dauert höchstens zwanzig Minuten, Peter!« Er nickte lächelnd – aber er vergaß auch sofort wieder, daß er den Kopf nicht hin– und zurückbiegen durfte, von der Zeitung auf und nieder, und so kam's, daß ich entweder das rechte oder das linke Auge nicht an seinem Platz oder die Nase zu lang im Verhältnis zur Stirn zeichnete. Und manchmal nahm er noch seinen Bleistift und beschrieb andächtig den weißen Rand des Zeitungsblattes.

»Du kannst gleich weiterzeichnen, schrecklicher Tyrann du!« sagte er und las mühsam entziffernd sein eigenes Schreiben. Es waren einige steinige Einfälle, die er seinem Myrdin und seiner Viviane ferner vermachen wollte. Und er zog die große vergilbte Papierrolle aus seiner Manteltasche und las von den beiden Menschen, die älter waren als Adam und Eva, von seinem Menschenpaar Myrdin und Viviane. Die sprachen eine Sprache, mit der am ersten Schöpfungstage sich Himmel und Erde erzählten – sie waren mit der Erde zugleich erschaffen – gewachsen mit der Erde: ja, das fand auch Peter... »Da magst du recht haben!«

Und er saß, den Kopf herabgesenkt auf den großen Lehnstuhl nahe dem Ofen in seinem olivenfarbigen Mantel, als ob er die Wärme mit sich nach Hause nehmen wollte.

Eines Abends klingelte es um halber Mitternacht – das sah Peter ähnlich. Seine Augen lachten mutwillig wie Knabenaugen, die einen Streich hinter sich hatten. »Der Verleger hat mir Vorschuß gegeben – Tino, toller Kerl, komm mit! Wir sitzen alle in der Weinrebe.«

Und Peter sah aus wie ein Bacchus, seine Seele war aufgeblüht wie einer der Weinberge in Alt-Athen. Und wir saßen um ihn im Kreise und sangen: fahrende Schüler, wie die Jünger des Weins aus der bacchantischen Szene seines Werks »Des Platonikers Sohn«. Wir waren der Most, der Lenz des Weines, das Leben, das wildsüße Auf- und Niederbrausen.

»Oh Wein, du lieber dummer Wein,
Was willst du da im Kerker sein?
Hervor du rieselnde Sonne,
Und laß die alberne Tonne.

Weißt du denn nicht, du dummer Wein,
Bin Bruder Lustig, frisch vom Rhein,
Ein Kenner erlesener Tropfen,
So laß mich nicht harren und klopfen!«
Am Morgen in meinem Halbschlaf sah ich Peter; durch seinen langen Bart
guckten blaue und gelbe Weinaugen mutwilliger kleiner Dionysinnen mit
roten Pausbäckchen und kecker Faunbuben mit frechen Schwänzchen.
Und die neckten ihn und zupften ihn an seinen langen Kraushaaren,
jauchzten und sprangen um den großen Bacchus, und ein ganz kleines,
ängstliches Bacchüschen kroch in seine weite, weite Ohrmuschel. Und
wir alle saßen zu seinen Füßen, und er erzählte von seiner Frühjugend,
von seinen vielen Liebchen – ja, ja, Bacchus mußte verliebt sein.

*

Einmal an einem Wintermorgen kam Hugo, der Landsknecht, wie ihn Peter
seines rauhen Organs und seiner kecken Launen wegen nannte. »Kommen
Sie mit, Prinzessin! Peter ist krank, wir wollen ihn besuchen.« »Und wissen
Sie auch, Hugo, daß heute sein Geburtstag ist?« Davon wußte er nichts, der
Ungläubige. Und wir zogen gen Norden, und als wir durch das Tor seines
Hauses traten, lagen vor uns Treppen, zu besteigen wie künstliche Gebir-
ge aus Brettern. »Na, det is man scheene, dat Se sich bis her verstiegen han
– – denken Se so wat, er is mir jestern dot in de Arme jeblieben!…« Und
Peters gemütliche Wirtin drückte mich an ihren Busen, aus dem der dicke
Atem jammerte. Und sie geleitete uns durch die Küche bis an Peters Kam-
mertür, drückte diese behutsam auf und blickte zunächst vorsichtig durch
die Spalte. »Nu kommen Se sachte rin!« – – Und da lag der Peter wirklich in seinem Nest halb aufgerichtet: ein kranker grimmiger Geier. Der
Kragen seines Mantels hing wie ein dunkler Fittich über dem Bettgestell,
und einer der Füße, mit dem Stiefel angetan, scharrte ungeduldig an der
senfgelben tapezierten Wand. Als er uns sah, war es, als ob er uns nach und
nach erst erkannte, und er fuhr durch seinen Bart wie ein reißender Herbst-
sturm. »Setzt euch, wenn ihr Platz findet, ihr Einbrecher, ihr Störenfriede,
setzt euch!« Aber nicht allein der Boden, sondern auch das tausendjährige
Sofa war begraben unter großen gelben Papierflocken. Wir setzten uns auf
das kleine Fensterbrett und stellten unsere Füße sündhaft auf die gefüllten
Säcke, die, wie wir später hörten, die Manuskripte der Dramen Peters enthielten. »Du, Peter, ich will dir den Doktor holen,« sagte der Landsknecht
besorgt. Oh, und das klang so lächerlich, und die dicke Wirtin hatte et och

jewollt, »er will aber nich.« »Der Doktor soll mir wohl Sonne oder Mai-
regen für meinen Katarrh verschreiben?« Und Peter lächelte wieder wie
Frühlingsanfang, und auf einmal begann er laut zu reden: »Heute abend
muß ich noch ins Theater.« Da fiel seine alte dicke Wirtin vor Schreck auf
das tausendjährige Sofa. »Sie wollen im Thiater jehn, Sie?« »Na gewiß«,
antwortete Peter und machte die Bewegung, aus dem Nest zu fliegen. In
der Küche seufzte die Gute und meint: »Na, so nötig hat er det Schreiben
doch ooch nich, wo er bei uns is!« Und sie brachte ihm zur Fürsorge die
dampfende Hafergrütze und zwei Schmalzstullen ins Zimmer. Und dann
sich vor uns entschuldigend, sagte sie: »Er ist so reene wie eene Jungfer, ick
seh schon, wie se ihm später in de Kirche uffbahren als Heiligen.«

*

Es war ein kalter Nachmittag; der Mond blähte sich auf zwischen seinen
Sternen wie ein goldener Bauch, ein wohlbeleibter Dukatenmillionär. Peter und ich wanderten wohl schon stundenlang durch die Straßen Berlins,
durch die Bleiluftgegenden mit den kahlen, grauen Häusern, in denen der
Hunger mit seinen tausenden Kindern wohnt. Und über dieser Gegend
spazierte behaglich durch das weite Land der Wolken der fette Mond, der
satt an Gold getrunkene Mond. »Aber, Tino, ich wußte ja gar nicht, daß
du ein kleiner Bebel bist. »Ja, ich denke an die armen, blassen Kinder, die
nie in die Sonne sehen, und an dich, Peter, an dich, dem die Welt ihr ju-
belndstes, tiefstes Spiel schenkte und das Leben eine Stiefmutter ist.« »O
du Fromme«, sagte Peter leise zu mir. Nach einer Weile blieb er unter einer Laterne stehen, nahm ein kleines schwarzes Heftchen aus der großen
Manteltasche und schrieb.

Das tat er oft, und ich ging gemächlich des Weges weiter. Wir kamen
über einen großen Platz. Vielleicht gaben die schloßartigen Bauten mit
den gegossenen Toren, die eisernen Hüter der königlichen Gärten, Peter
den Anlaß, mir zu erzählen, daß sein Vater der Fürst S. aus Westfalen sei
und seine Mutter eine Leibeigene. Ich war gar nicht verwundert darüber,
als ich seine schlanken Hände betrachtete.

»Meine Mutter«, erzählte er weiter, »war eine stille, blasse Frau. Ich
kann mich kaum an den Ton ihrer Stimme erinnern; aber als ich meine >Brautseele< dichtete, hörte ich ihr Blut aus meinem Herzen singen,
sanft und dann sehnsuchtswild, wie eine einsame Spätherbstblume.« Wir
schwiegen beide lange Zeit, über Erinnerungen wandelnd, bis es Abend
läutete und die Glocken uns erweckten.

Wir fragten einen Mann, der an uns vorübereilte: »Wie kommen wir aus dem Tiergarten wieder auf die Straße?« Und wir bogen und wendeten uns, bis wir glücklich den Weg wieder fanden. »Sieh, Tino, hier tief im Dickicht habe ich Wochen zugebracht und Dunkelheiten getrunken! Oh, das waren einzige Gottnächte!«

Aber ich sah schmerzlich auf seine eingefallenen Wangen.

Ich ging, meiner Ahnung vertrauend, voraus. Peter studierte indessen noch die Hausnummern gegenüber dem großen Gebäude, in das ich eintrat. Und wirklich, hier wohnte Gerhart Hauptmann. Er kam mir schon im Treppenflur entgegen, ja, er war es. »Herr Hauptmann, ich bringe Ihnen den Peter Hille lebendig hier; er hätte sicherlich wieder die verabredete Stunde versäumt.« »Sah ihn schon von meinem Fenster aus,« rief Gerhart Hauptmann, »und komme, den Peter selbst heraufzuholen«. Und der Herrliche sagte zu Hauptmann, mir schelmisch zunickend, »dies ist mein Kamerad, Tino nenne ich sie. Es ist der Name ihres Blutes, die grünrote Ausstrahlung ihre Seele.« Wir setzen uns, nachdem Hauptmann zärtlich den Mantel von Peter Hilles Schulter genommen hatte. Auf den Tischen lagen überall Journale, die meines Propheten Dichtungen enthielten, auch »Des Platonikers Sohn« fehlte nicht, das wundergroße Schauspiel. Hauptmann schwang es triumphierend in die Höhe. Und ich hörte lauter Melodien; der Dichter Worte wurden Lieder. Und Hauptmanns stolzes Gesicht neigte sich seinem hohen Gaste zu, die Quelle seines Herzens zu erreichen, denn wie aus Leben gehauen saß Peter Hille in dem weiten, klaren Raum, sein Bart wallte ungeheuer.

KARL KRAUS

Im Zimmer meiner Mutter hängt an der Wand ein Brief unter Glas im goldenen Rahmen. Oft stand ich als Kind vor den feinen pietätvollen Buchstaben wie vor Hieroglyphen und dachte mir ein Gesicht dazu, eine Hand, die diesen wertvollen Brief wohl geschrieben haben könnte. Darum auch war ich Karl Kraus schon wo begegnet – – in meinen Heimatjahren, beim Betrachten der kostbaren Zeilen unter Glas im goldenen Rahmen. Den Brief hatte ein Bischof geschrieben an meiner Mutter Mutter, ein Dichter. Blau und mild waren seine Augen, und sanftbewegt seine schmalen Lippen und sein Stirnschatz wohlbewahrt, wie bei Karl Kraus; der trägt frauenhaft das Haar über die Stirn gekämmt. Und immer empfangen seine Augen wie des Priesterdichters Augen gastlich den Träumenden. Immer schenken Karl Kraus Augen Audienz. Ich sitze so gerne neben ihm, ich denke dann an die Zeit, da ich den Schreiber des Briefes hinter Glas aus seinem goldenen Rahmen beschwor. Heute spricht er mit mir. Ich bewundere die goldgelbe Blume über seinem Herzen, die er mir mit feierlicher Höflichkeit überreicht. Ich glaube, sie war bestimmt für eine blonde Lady; als sie an unseren Tisch trat, begannen seine Lippen zu spielen. Karl Kraus kennt die Frauen, er beschaut durch sie zum Denkvertreib die Welt. Bunte Gläser, ob sie fein getönt oder vom einfachsten Farbenblut sind, behutsam behütend, feiert er die Frau. Verkündet er auch ihre Schäden dem Leser seiner Aphorismen – wie der wahre Don Juan, der nicht ohne Frauen leben kann, sie darum haßt – im Grunde aber nur die Eine sucht. Ich begegne Karl Kraus am liebsten unter »kriegsberatenen Männern«. Seine dichterische Strategie sind Strophen feinster Abschätzung. Ein gütiger Pater mit Pranken, ein großer Kater, gestiefelte Papstfüße, die den Kuß erwarten. Manchmal nimmt sein Gesicht die Katzenform eines Dalai-Lama an, dann weht plötzlich eine Kühle über den Raum – Allerleifurcht. Die große chinesische Mauer trennt ihn von den Anwesenden. Seine chinesische Mauer, ein historisches Wortgemälde, o, plastischer noch, denn alle seine Werke treten hervor, Reliefs in der Haut des Vorgangs. Er bohrt Höhlen in den Samt des Vorhangs, der die Schäden verschleiert schwer. Es ist geschmacklos, einen Papst zu hassen, weil sein Raunen Flüsternde stört, weil sein Wetterleuchten Kerzenflackernden heimleuchtet. Karl Kraus ist ein Papst. Von seiner Gerechtigkeit bekommt der Salon Frost, die Gesellschaft Unlustseuche.

Ich liebe Karl Kraus, ich liebe diese Päpste, die aus dem Zusammenhang getreten sind, auf ihrem Stuhl sitzen, ihre abgestreifte Schar, flucht und sucht sie. – Männer und Jünglinge schleichen um seinen Beichtstuhl und beraten heimlich, wie sie den grandiosen Zynismusschädel zu Zucker reiben können. O, diese Not, heute rot – – morgen tot! Unentwendbar inmitten seiner Werkestadt ragt Karl Kraus ein lebendiges, überschauendes Denkmal. Er bläst die Lufttürme um und hemmt die Schnelläufer, den Königinnen mit gewinnendem Lächeln den Vortritt lassend. Er kennt die schwarzen und weißen Figuren von früher her von neuem hin. Mit ruhiger Papsthand klappt er das Schachbrett zusammen, mit dem die Welt zugenagelt ist.

ALFRED KERR

Silvester 1908 bin ich Alfred Kerr begegnet unter künstlichen Balkansternen, zwischen schleierverhüllten Angesichten schöner Haremsfrauen und fezbedeckter Häupter weißgekleideter Muselmänner. »Wissen Sie, wer der Beduinenfürst war?« (Wir grüßten uns nach des Bosporus Zeremoniell und Sitte.) »Reißen Sie mich nicht immer aus meinen morgenländischen Illusionen«, antwortete ich meiner Begleiterin. Später hörte ich, der Araber mit dem Seidenmantel sei Alfred Kerr gewesen. Am besten gefallen mir seine Gedichte, sie sind humorsüß und fallen ihm in die Hand. Aber seine allerschönste Dichtung war ein spanisches Essay; jedes Wort trug eine Abendrotrose im Haar, jedes Wort war eine Senora, erhob sich und tanzte.

Über den Kurfürstendamm sehe ich ihn manchmal nach der Kolonie heimwärts gehen. Dort wohnt Alfred Kerr in einer Villa, die beneidet wird, sonst pflegt man die meisten Kolonisten ihrer Villa wegen zu beneiden. Heimlich birgt dieses nachtumheckte Schlößchen seinen Dichter. Spät muß der Kritisierende die Kritik niederschreiben, die sind blaunervig wie er selbst und duften nach melancholischer Ironie. Wir haben uns beiden nur immer das Schönste gesagt, wir kennen uns nur im Gruß. Mich dünkt, er träumt von »Heinrich« wie ein einziger Sohn, der sich einen Bruder wünscht. Er träumt immer von seinem Bruder Heinrich Heine. Bald gleicht er ihm auf einen Nerv. Alfred Kerr müßte durch die Straßen von Paris wandern wie der tote Bruder, mich stört des lebenden chevaleresker Mantel, sein abgestäubter Hut. Warum denke ich so? – Morgen lese ich im Tag seine gedichtete Kritik über Hauptmanns Premiere.

Ich würde für sie auch im Privatleben das Eboligewand wählen, den zackigen, weißen Kragen, der ihr Angesicht, ein Bukett von Lichtwende und Herzschatten wie mit einer Atlasmanschette umgibt. Frau Durieux spielt im Theater Reinhardts die Eboli; die schlummernde Saitenspielerin ist auferstanden aus ihrem Sarkophage. Es tut wohl, sie in »prinzeßlicher« Wirklichkeit wiederzusehen, in ihrem eifersüchtigen Herzen zu erleben den Kampf mit der Kabale. Den schnöden Verrat an die Königin verabreicht sie dem lauernden Pater noch mit traumhaften Fingerspitzen. Keineswegs hysterisch gehässig – historisch wie ihr Kleid wirkt das intrigante Frauenspiel in der Kapelle steinerner Nacht, an der blutgenagelt Gottes Sohn hängt. Frau Durieux' verzweifelte Gebärde, nachdem ihre Königin sie verstößt, erinnert an das Gemälde der büßenden Magdalene. – Als ich sie vor einiger Zeit in ihrem Gemach erwartete, suchte ich unwillkürlich nach der Laute. Da kam mir entgegen Rhodope, ihre Hände hingen herab wie Myrthen. Diese himmelweiße Syrierin ist der Glorienschein ihrer Eingebung, das keusche Geschmeide ihrer Begabung. Beweglich ist die Verwandlungskunst der Frau Durieux, denn wer vermutet nach der bräutlichen, geduldigen Königin und der verwöhnten Lautenspielerin, »Sie« in der bitteren Haut der eigensinnigen Spielverderberin der ältlichen Schwester der Brüder im »Friedensfest«. Krummrückkig zum Fußaufstampfen, härtnäckig widersetzend, den Angehörigen eine giftige Augenweide. – In »Gott der Rache« von Schalom Asch spielte Frau Durieux die junge Kupplerin des Bordells. Ich sehe sie noch keck in der Mitte des Sofas sich hinflegeln mit der Frechheit einer freigewordenen Sklavin, mit dem Machtbewußtsein, vernichten zu können je nach Berechnung. Das scheußliche Verbrechen ihres früheren Bordellchefs zappelt auf ihrem Knie, sie läßt es kichernd über ihrem Strumpfband hängen, sie braucht nur den lockeren Vorhang aufzuheben. Tilla Durieux spielte skandalös hervorragend. Hier nenne ich die Schauspielerin, die Charakteristik ihres Zivils vergessen, kurzweg »Tilla« Durieux; aber wer sie in ihrem Privatgemach je sah, umgeben vom Staat schützender Tore und mächtiger Bequemlichkeiten, sie selbst zum Empfang der Gäste sich liebenswürdig ermannend, wird mit mir empfinden, daß sie keineswegs eine

Bohemin ist, zu treu dem Einen außerdem, auch daß ihr die seelische Leichtigkeit der Umgebenheit fehlt, und ich nenne sie »Frau« Durieux nicht etwa wie man die Spießerin zu nennen pflegt, aber weil sie die Hofdame der Schauspielerinnen ist; jeder Tag muß ihr »d'or-jour« sein. – Auf dem Sezessionsfest im Februar teilte sich die Menge in zwei Flittergitter, als sie den Saal betrat. Sie trug ein dunkles Spitzenkleid und eine hängende Nelke im Haarknoten. Ich fragte den Rektor in »Frühlingserwachen« an unserem Tisch, wer die schwarze Leopar-

Tilla Durieux

din mit dem Blutstropfen am Nacken sei. Prangende Schlichtheit, geschmeidiger Charme, in ihrem Herzen blühen feine Nerven schmerzvoll auf. Aber als es Mitternacht war, tanzte sie, auf einer Perle des Sekts rollend, mit leuchtenden Augen im bunten Spiele der Masken. Dieses Jahr gibt es wieder ein Fest; ich hoffe, daß Frau Durieux auf Erden weilt, sie hält sich nämlich ab und zu mit Vorliebe oben in den Wolken verborgen, in ihrem Luftballon und was wird sich Prinz Karneval ärgern, wenn sie ihm nur eine lange Nase machen wird. – Die Maschen des Netzes, das den Ballon umhüllt, lockerten sich schon einmal. »Ein Punkt in der Ewigkeit« kommt man sich im Raume vor, erzählt Frau Durieux. Sie ist ohne Furcht und Zaudern. Zwischen Leere und Leere, Vogel sein, nur Atem, so folge ich in Gedanken den Schilderungen der Luftschifferin in die Lüfte. Da nimmt ihr Terrierhund einen Anlauf aus salonansalongereihter Ferne, springt mir auf die Schulter, ich falle vor Schreck aus allen Himmeln.

RUTH

Sie müßte eine Patronesse haben – etwa die Kaiserin von Island oder eine reiche Eskimotochter; vielleicht wird es eine Inger auf Oestrot sein. Ruth ist eine Tragödin. Schon seit zwei Jahren spielt sie mit Vorliebe Partien aus Ibsens Werken. Ihre Dreijahrärmchen heben sich zürnend zum Himmel: »Götter!« Ich habe Ruth nie lachen sehn und auch weinen nicht, wie andere Kinder. Ruth lacht mit Vorsicht, plötzlich hält ihr Gesichtchen wie eine kleine Sonne zu leuchten inne – und weinen tut Ruth, um wieder zu lachen. Und am Abend dauert es eine Weile, bis sie einschläft, gerne läßt sie einen schmalen Guckspalt offen für den Morgen, ob auf der Heizung ein Schokoladenkakes liegt, von einem verkleideten Onkel als Nikolas oder einer Zuckerhäuschentante gespendet. Ruth gastierte zum erstenmal im Vorgarten des Cafés des Westens, sie war damals zwei Jahre alt und trug ein weißes Kleid über glänzenden Stoff von der Farbe ihres Mündchens, das auf einmal zum Mund wurde, wie gehext, strenge Furchen zog; ich erschrak. Und noch dazu der finstere Ibsenblick, der mich furchtbar einschüchterte. Immer tiefer sank Ruths Lockenköpfchen auf die Strohröhre herab, die vor ihm im Glase steckte: »So trinkt ›Er‹ Limonade.« »Er« hängt im mächtigen Rahmen im Zimmer ihrer Muttertragödin (Beß Brenk) und immer steht Ruth vor seinem Angesicht und besieht es sich, ob es auch noch so macht wie »sie«. In Klein-Ruth schlägt das große Ibsenherz, und als Ibsen sein Puppenheim schuf, pochte sicher ein kleines Anhängsel an seinem schweren Schlag, ein Goldherzchen, in dessen Mitte ein himmelblaues Perlchen rauschte. Ruth springt vom Stuhl, tanzt in ihren niedlichen Goldkäferstiefelchen, die Röcke nach unten geglättet – nun hat sie ein langes Kleid an. Sie tanzt einen herablassenden, zurückhaltenden Tanz; da, als ob ein Sausevogel durch ihren Kopf fliegt – fort will ihre kleine Seele – ihre Beinchen sind ganz nackt; über Stühle und Tische hinweg – Ruth, Ruth! Ich glaube, sie sitze oben auf dem Ast des jungen Baumes vor dem Caféhaus. Was soll man dazu sagen – Genie? Fort mit dieser alten Denkmalhülle, sie tut dem Kind weh, aber in ein Wunder wollen wir die wundervolle, kleine Ruth kleiden; in einem goldenen Bettchen soll Ruth schlafen und von einem goldenen Tellerchen und mit einem goldenen Löffelchen essen und auf dem Becher, aus dem

Ruth fürder trinken soll, steht in Goldbuchstaben geschrieben: Ruth. Sie schüttelt den Kopf wie eine Herrscherin, ich glaube, sie ist beleidigt, nicht um der vielen goldenen Sachen wegen, der Ober hat ihr Zucker schenken wollen; sie gleitet schwerfällig vom Stuhl, streckt den Leib wie eine Kugel vor, ihr Engelsgesichtchen bekommt Runzeln – »dicke Frau is satt«.

MARIE BÖHM

Ecke Französische und Charlotten-Straße lachen aus einem der Glaskästen schöne, weiße Zähne, zwischen frischen Lippen in Mädchengesichtern. Manche von den jungen Schauspielerinnen offenbaren ihre ureigene Begabung, denn ihre Perlmutterhecken sind gar nicht erschaffen, am Abend hinter zuckenden Lippen versteckt zu schimmern. Über dem Atelier von Marie Böhm scheint auch der Himmel zu heiter; die wundervolle Photographin kann nicht genug Vorhänge über die Sonne ziehen, die macht immerfort ein freundliches Gesicht. Marie Böhm ist die Eigentümerin des kunstphotographischen Ateliers Becker und Maaß. Man kann sich ohne Gefahr vor Entstellung vor ihren Apparat begeben. Marie Böhm weiß im richtigen Augeblick den Blick vom Auge zu nehmen. »Der nichtssagendste, ausdrucksloseste Mensch hat einen Augenblick, den muß man eben festhalten.« Ihre lieben, blauen Augen strahlen, als sie das antwortet. Ich verstecke mich unter einem Tisch hinter langen Laubgewächsen, um einige Aufnahmen zu beobachten. Daß das nicht angehe, meint Fräulein Böhm – schon naht das Brautpaar, ich rufe ihr aus meiner Lage zerstreut zu, sie soll sagen – im Fall – ich bin Arzt und interessiere mich für neuartige Operationen. Diese Ideenverwirrung stammt von meinem Vater her, er verwechselte immer das Zahnziehen mit dem Photographierenlassen. Beides hat so was mit dem Herausholen zu tun – und – »der eine Augenblick«. Marie Böhm aber hat keine Zange in der Hand. Bräutigamundbrautumschlungen sitzen die Beiden auf der Bank und drehen ihr den Rücken zu; ihre Gesichter blicken sich auf einmal nach etwas um. Ob sie mich quaken hören aus meiner Froschperspektive? – »Danke!« Zweite Aufnahme. – Für die Photographien müßte es auch eine Welt geben aus gediegenem Silberoxyd im Krinolin. Das Album ist aus der Mode gekommen, darin sich das photographierte Onkeltantengeschlecht zum Aufblättern befand; es stirbt nicht aus. In Schalen liegen all die Pietäten, Frauen, die sich auch schon Löckchen drehten. Nun sind unsere Kleidersäcke zugebunden. Auf den spätverwandten Bildern stehen die Röcke weit in Runden. Ihre Augen aufgetan in Todesangst – den Augenblick zu greifen, heute hascht ihn die Photographie wie einen Schmetterling vom zwanglosen Sichgehenlassen. Und gerade meine liebe Marie Böhm ist eine so große Photographin – sie photographiert auch ohne Apparat gerade mitten in der Sonne mit geschlossenen Augen, wie der Maler malt ohne Pinsel im Spazierengehen, im Anblick, im Nachsinnen. Wenn ich ihr gegenüber sitze, wartet sie auf die Falte zwischen meinen Brauen.

In Berlin gibt es eine Fraue, die die Schmerzen Marias leidet, sieben Schwerter im Herzen; und die doch gnadenreich herablächelt auf die Armen und Kranken. Jeder Mensch, der sich ihr nähert, ist ihr Jesuskind. Einen Tempel müsse man um diese Mutter bauen, einen Garten pflanzen, der ihr blühender Mantel sei. Ich kann mich nicht der Fraue nahen, ohne ihr meine Andacht zu bringen. Verirrte Magdalenen treten durch ihres Hauses Pforte ein und rasten; ruhen aus und besinnen sich unter der Liebe ihres Mutterdachs. Franziska Schultz ist die Mutter des Mutterschutzes. Man könnte fast das gefallene Mädchen ihrer Patronin wegen beneiden. Mit fürsorglicher Liebe lullt die höchste Fraue der Gnade die verstoßene Mutter und ihr pochendes Spielzeug mit ihren beiden Armen zärtlich ein. Kein Vorwurf trifft die tragende, ihres Kinds wegen, das noch auf seinem rechtmäßigen, heiligen Muttererbe blüht. Alle Mütter aber lieben die Eine.

Eine Dame, die den Glanz irdischer Glänze ausdrehte und durch die dunkle Straße schreitet, wo das Elend wuchert. Nun wohnen keine verwöhnten Gäste mehr in ihrem Hause, aber solche, die ein Herz voll Liebe beanspruchen. Tragende und Beladene treten durch ihres Herzens geöffnete Pforte ein. Maria!

DOKTOR BENN

Er steigt hinunter ins Gewölbe seines Krankenhauses und schneidet die Toten auf. Ein Nimmersatt, sich zu bereichern an Geheimnis. Er sagt: »Tot ist tot«. Dennoch fromm im Nichtglauben liebt er die Häuser der Gebete, träumende Altäre, Augen, die von fern kommen. Er ist ein evangelischer Heide, ein Christ mit dem Götzenhaupt, mit der Habichtnase und dem Leopardenherzen. Sein Herz ist fellgefleckt und gestreckt. Er liebt Fell und er liebt Met und die großen Böcke, die am Waldfeuer gebraten wurden. Ich sagte einmal zu ihm, Sie sind allerleiherb, lauter Fels, rauhe Ebene, auch Waldfrieden, und Bucheckern und Strauch und Rotrotdorn und Kastanien im Schatten und Goldlaub, braune Blätter und Rohr. Oder Sie sind Erde und Wurzeln und Jagd und Höhenrauch und Löwenzahn und Brennesseln und Donner. Er steht unentwegt, wankt nie, trägt das Dach einer Welt auf dem Rücken. Wenn ich mich vertanzt habe, weiß ich nicht, wo ich hin soll, dann wollte ich, ich wäre ein grauer Samtmaulwurf und würfe seine Achselhöhle auf und vergrübe mich in ihr. Eine Mücke bin ich und spiele immerzu vor seinem Angesicht. Aber eine Biene möcht ich sein, dann schwirrte ich um seinen Nabel. Lang bevor ich ihn kannte, war ich seine Leserin; sein Gedichtbuch – Morgue – lag auf meiner Decke: Grauenvolle Kunstwunder, Todesträumerei, die Kontur annahm. Leiden reißen ihre Rachen auf und verstummen, Kirchhöfe wandeln in die Krankensäle und pflanzen sich vor die Betten der Schmerzensreichen auf. Die kindtragenden Frauen hört man schreien aus den Kreißsälen bis ans Ende der Welt. Jeder seiner Verse ein Leopardbiß, ein Wildtiersprung. Der Knochen ist sein Griffel, mit dem er das Wort auferweckt.

Gottfried Benn, 1925

DOKTOR MAGNUS HIRSCHFELD
(Ein offener Brief an die Züricher Studenten)

Frischverehrte Herren Studenten!

Am Donnerstag, 11. Juli, werden Sie im Schwurgerichtssaal Herrn Sanitätsrat Dr. Magnus Hirschfeld in Zürich sprechen hören; Sie können sich auf den Abend freuen. Ich will Ihnen etwas von unserem Doktor in Berlin erzählen. Er ist nicht allein unser Arzt, er ist auch unser Gastgeber; seine Sprechstunden enden in beaux jours, die Kranken vergessen ihre Nerven und dem gesunden Patienten bedeutet der Nachmittag in den freudigen Wartezimmern angenehme Nervenanregung. – Mitten im Tiergarten zwischen starken Kastanienbäumen und hingehauchten Akazien wohnt Sanitätsrat Doktor Magnus Hirschfeld. Er mag nicht, daß wir ihn so titulieren. »Kinder, ich höre lieber einfach ›Doktor‹«. Trotzdem er mir gestand, daß ihn die Ernennung zum Sanitätsrat zu seinem fünfzigjährigen Geburtstag, in Anbelang seiner Ausnahmestellung unter den Aerzten viel bekämpft und bestritten, doch erfreut habe. Er zeigte mir strahlend wie ein Kind alle Geschenke. Wir nennen ihn unsern Doktor. Am Vorabend seines Wiegenfestes brachten ich und meine Spielgefährten unserm Doktor ein auserlesenes Ständchen. Der Wiegenfestliche betrat gerührt seinen Balkon, ließ sich besingen von unsern Liedern zur Harmonika und Trommel. Schluß-Choral: »Ich schnitt es gern in alle Brotrinden ein…« Unsere Ausgelassenheit amüsiert ihn, denn Doktor Hirschfeld versteht Ulk, da er ernst ist, kein ernsthafter Professor etwa im Eichenlaubbart. Nun muß ich, liebe Herren Studenten, Ihnen zu meiner Schande gestehen, daß ich von den vielen berühmten Büchern, die der Doktor geschrieben hat (ich lese prinzipiell nur *meine*), keines kenne, aber dennoch sie aus seinen unvergleichlichen interessanten Vorträgen beurteilen kann, spannende, medizinische, historische Romane, die nie zu Schmökern vergilben, als Maßgebenheiten bestehen bleiben. Doktor Hirschfeld ist der Bejaher jeder aufrichtigen Liebe, ein Abgewandter jeglichen Hasses. Ein milder Gerichtsarzt, der alles zu verstehen sucht. – Voll Mitleid opfert er seine Kraft, seine Zeit, sein gutes Herz dem scheidenden Soldaten. An den Bahnhöfen sieht man unsern Doktor oft, ganze Tabaksplantagen an-

46

pflanzend, aus etlichen Kisten Zigarren und Zigaretten an abschiednehmende Feldgraue verteilen. Er ist der Mensch, der wahrhaft in der Bereitwilligkeit keinen Klassenunterschied kennt. Wer ihn ruft, zu dem eilt er. Ich überfiel ihn selbst, mit Erfolg, mir zu einem verwundeten Freund in Pommern zu folgen, aus seiner großen Praxis. – Liebe Herren Studenten, mich freut es, unserm Doktor Hirschfeld Lob und Preis zu singen. Wenn er nicht in Berlin weilt, fehlt sozusagen unser Beichtvater. Wir sehnen uns alle nach seinem Trostwort, nach den gemütlichen gemütvollen grünen Zimmern, sie sind heilbringend wie er selbst.

MEIN JUNGE

Und doch gerade bemühe ich mich, wahrheitsgetreu über ihn zu schreiben. Kann nicht verhehlen, daß es schwer ist und selten, über sein eigenes Kind auszusagen, noch dazu, wenn es sich besonderer Bescheidenheit und Schlichtheit wohl rühmen durfte. Jede Sensation, d.h. in den Vordergrund gerückt zu werden, war ihm contre coeur. Mein Sohn war schön. Ich sage nichts Neues oder Unbekanntes mit dieser Wahrheit. Er war so schön, daß ich mich öfters bemühte, ihm schon als Kind – meinem Päulchen – Anzüge oder Hüte zu kaufen, die seine Schönheit dämpften. Das geschah alles aus Vorsicht oder aus Angst, er könnte mir eines Tages geraubt werden. Mein Sohn war ein lieber Junge; das Innigste, darum das Wertvollste, das man von seinem Kinde sagen kann. Mir wäre das genug gewesen, aber er war auch einer der begabtesten Menschen, die ich gekannt habe. Seine Verspieltheit neben seinem Talent wirkte entzückend. Er spielte so gern Harmonika. Wenn ich ihn lobte, bat er mich jedesmal, daraus nichts bei anderen Menschen zu machen. Jeder könne das! Trotz alledem mußte ich ihm zum Geburtstag immer wieder eine neue Harmonika kaufen – »mit Zungenschlag«! Und Lothar Homeyer sollte ich zum Aussuchen mitnehmen, da der nicht allein schön male, auch noch die Noten kenne. Später besaß mein Junge eine Uhrensammlung; stundenlang blickte er prüfend den kleinen Rädern zu, wie der Maschinist einem Vorgang seiner Maschinen. Er war exakt, was ihm zugute kam bei seinen Zeichnungen. Als kleiner Junge kletterte er mit Vorliebe auf die Gerüste werdender Häuser. Wenn ich ihn suchte in unserer Katharinenstraße in Halensee, rief er mich plötzlich zwischen Luft und Balken aus heiterem Himmel. Schon von seinem zweiten Jahre an bewahrte ich manche seiner kleinen Zeichnungen, die nicht mit den üblichen talentierten Zeichnungen jugendlicher Zeichner zu vergleichen waren. Mit einem Jahr drängte er seine Kinderfrau, jedesmal wenn sie Neubauten vorbeikamen, ihn auf die Füßchen zu stellen. Er sammelte sich dann kleine Kalkstückchen. Auch elektrische Kohle, vor den Laternen der Trottoire, pflegte er aufzuheben. Seine weißen Höschen waren dann oft pechschwarz. Wie oft schalt mich seine gute Kinderfrau, die Frau Müller, daß ich wieder den von ihr aufgescheuerten Boden des Päulchenzimmers bekritzelt habe! Die Häuschen und Bäumchen seien ja ganz nett, aber das ginge nicht! Ich schöpfte Verdacht. Und wir ertappten ihn, wie er sich mit seinen kleinen Händchen einen Stuhl näher an den Bettrand zog, behutsam aus dem Bettchen stieg und mit einem der Stückchen Kreide, die er alle auf den Waggons seiner Eisenbahn aufgeladen hatte, den Boden bemalte. Die alte Frau Müller und ich waren geradezu, man kann sagen, erschüttert. Oder wie mein Junge noch im hohen Kinderstuhl sitzend einen Raben zeichnete: »Raben gemalen, der Fleisch stehlt.« Mit Vorliebe zeichnete er überhaupt Tiere, und seine Fortschritte waren außerordentlich. Wenn ich ihn Sonntag nachmittags manchmal mit ins Café des Westens nahm, setzte er sich ganz allein hinter der Treppe an einen der Marmortische. Es durfte niemand sehen, wenn er zeichnete. Selbst die Elsa nicht, seine Spielkameradin. Ich glaube, ich begehe gegen meinen Jungen keine Indiskretion, wenn ich erzähle, was er mir eines Abends anvertraute, als ich ihm seine Schühchen und Strümpfchen auszog und ihn zu Bette legte und er auffallend in sich gekehrt war. Auf mein besorgtes Fragen, ob ihm was fehle, sagte er ganz melancholisch: »Ich denke an Elsa. Sie spielt immer mit meiner Uhrkette, und ich zupf sie an den Locken. Wenn ich

Katharinenstraße / Ecke Kurfürstendamm, Halensee

49

siebzehn Jahre alt bin, besuche ich sie und frage sie: ›Elsa, willst du meine Gemahlin werden?‹« Sonst war er als kleines Kind übersprudelnd, kam immer durch die Tür gesprungen: »Mutter, nun will ich aber zu den Sternen – die Zacken sehen.« Sein Lieblingswort war: Persien. Jeden Abend schlug ich ihm ein Ei mit Zucker. Einmal kamen wir etwas später heim. Er hatte zum erstenmal auf dem Arm seiner Kinderfrau sitzend den glühenden Sonnenuntergang gesehen. Wie ich dann wieder sein Ei bereiten wollte, rief er: »Mutter, Mutter, mach die Sonne nicht taputt.« Ich kann nicht unterlassen, die paar ganz persönlichen Geschehnisse zu erzählen, ich muß! Der großen Wärme wegen, die mich bewegt. Als mein Junge 14 Jahre alt geworden war, zeigte ich seine Zeichnungen dem damaligen Präsidenten der Akademie der Künste, Professor Manzel. Der fürchtete, ich beschwindele ihn aus mütterlicher Eitelkeit, denn es sei unmöglich, daß ein vierzehnjähriger Mensch mit solcher Fertigkeit zeichnen können. Aber er überzeugte sich. Denn eines Tages kam mein Paul mit mir. Der Professor sandte ihn zunächst ein Jahr zu seinem alten Freunde und Lehrer nach München ins Meisteratelier; am liebsten hätte er ihn sofort selbst betreut. Karl Arnold, der große Simplizissimuszeichner, sagte einmal vom Zeichnen meines Jungen: »Der zeichnet nicht, der schwimmt übers Papier.« Eine solche Begabung, wie die meines Jungen, sollte man nicht in der Fabrik der Ateliers steif werden lassen. Lange dauerte es, bis er wieder sein Erbe antrat und »schwimmen« konnte, er hatte sein Talent von Vorvätern geerbt.

Leid und weh tut es mir, daß mein Junge so oft von zu Hause weg war. Ich klagte ihm: »Wäre ich doch lieber eine einfache bürgerliche Mutter mit Haus und Herd!« Dann sagte er jedesmal dieselben Worte: »Nur nicht!« Er wußte, wie mich stets um ihn die Sorge ewig quälte. Ich war nicht allein seine Mutter und er mein Sohn, er war mein kleiner Bruder. Wir waren Brüder – und mein Schmerz zwiefach. Er suchte wie ich – das Glück. Das Wunder der Liebe. Ein entzückender Don Juan, der immer nur die Eine sucht! »Liebe Mutter«, bat er mich, »wart' einen Augenblick hier am Schaufenster.« Er hatte dann ein Mädchen gesehen mit kornblumenblauen Augen. Er liebte kornblumenblaue Augen, blonde Haare wie Weizen. Er liebte den nordischen Typ – einmal jedoch ein Mädchen aus Manila. Die schwedischen Filme entzückten ihn sehr. Wenn wir uns gestritten hatten, – das war sicher: abends saßen wir nebeneinander im Kino erwartungsvoll.

Tausende und aber Tausende von Zeichnungen, Übungen, ungeheuer fleißig, liegen in Koffern geordnet. Immer wieder übte er in späteren Jahren dieselbe Nase und denselben Mund oder den Ausdruck der Augen. Es war ihm nicht genug, die Zeichnung einfach von seinem jungen Herzen abgepflückt liegen zu lassen. Er staunte die Maler Rembrandt und Franz Marc an. Manchmal, als kleiner Junge, zeichnete er mir solchen Spaß, daß mir die Tränen über die Backen liefen. Er spielte den Komiker auf dem Papier. Daß er wirklich ein Schauspieler ersten Ranges war, ahnte überhaupt niemand. Seiner großen Schönheit und Eleganz nach zu rechnen, hätte man ihm eher Liebhaberrollen zu spielen zugetraut. Einer Künstlerin, die uns in Davos besuchte, versuchte mein Paul den Besuch zu erleichtern, indem er ihr Oberlehrer oder Professoren alten Stils todkrank im Bette liegend meisterhaft nachahmte. Ihr brach dann lachend das Herz. George Grosz verehrte er ungeheuerlich. Menschlich und zeichnerisch. Gottfried Benn war sein Dichter. Sonst erfüllten ihn gute Verse mit Eifersucht. Es hatte niemand das Recht außer mir, zu dichten. Er war überhaupt hervorragend eifersüchtig. Das kam vom Tropfen spanischen Blutes. Es erfüllte ihn mit Traurigkeit, vermutete er in mir noch Interesse für andere. Manchmal ließ er mir keine Ruhe, ich müsse mir ein Kleid oder ein Paar Schuhe kaufen. Es ginge nicht, daß eine Dichterin so herumliefe. Ich wußte dann jedesmal, er hatte auch einen Wunsch, aber vorher sollte ich mir einen erfüllen. Im Foyer eines Hotels in Zürich begegneten wir Frank Wedekind mit seiner wunderschönen Tilly. Er war dermaßen überrascht von meines Jungen Schönheit, von der Einfachheit seines Künstlertums, daß ich ihn bat, vor Paul nicht weiter darüber zu sprechen. Mein Junge glich meinen beiden Blumenschwestern, vor allem meiner teuren Mutter. In der Grube seines Kinns lag eine Rose, und finster leuchtete sein Haar. Ein Grandseigneur war er. Wie er der Frau die Hand küßte! Seine Artigkeit beträufelte drolliger Spott. Und mit Kindern verstand zu spielen! Oft gingen wir in der Nähe in ein kleines Waisenhaus, den Kindern Bonbons bringen. Es weiß niemand, wie lieb er zu den armen Kinderlein war. Er tummelte sich mit ihnen auf der Erde herum. Zeichnete ihnen Bilderbogen. Zu Hause angelangt aber erst, entstanden dann unglaublich zeichnerische Tragödien. Eitelkeit war ihm geradezu verhaßt. Er war immer eben erst zwölf Jahre geworden, aber barg eines fertigen Menschen Ernst in sich; den steckte er freilich des öfteren in die Tasche seiner Fellweste. Seine überschäumende Ausgelassenheit hatte Blume.

Grabstein für Paul Lasker-Schüler, Friedhof Berlin-Weißensee

Ein Jahr vor dem Tode meines Jungen geschah mir ein Gesicht. König David saß in meinem Zimmer – es war in später Abendstunde, er trug ein schwarzes Gewand und einen schwarzen Turban. Seine Augen waren wie Asche. Er verharrte lange Zeit, neben mir sitzend. Ja, ungeheuerlichen Geschehnissen gehen immer ungeheuerliche Ouvertüren voraus. – Und so endigt die Geschichte meines teuren Jungen.

BRIEF AN KORRODI

Hochzuverehrender Herr Doktor!

Vielleicht tun Sie mir den großen Gefallen, den Herrn Bundesrat so im Vorbeigehn zu fragen, ob ich wieder in die Schweiz kommen darf? Die Möven vom Zürchersee schreiben mir so sehnsüchtige Briefe und ich sehne mich nach den weißen Vögeln, schreiender Schnee, wilde Bräute der Nordsee, weichgefiederte Abenteuerinnen. »Wär ich doch eine Möve! Ich brauchte nicht auf mein Visum warten.« Als ich diesen Seufzer in Berlin vor dem Fräulein Schweizergesandtschaft ausstieß, meinte sie argwöhnisch, »wer weiß, ob nicht doch einem dieser weißen Vögel ein schwarzes Herz unter den Daunen lauert?« Doch der verantwortlichen Dame leuchtete es ein, daß die Vögelinen, die alljährlich als Gäste Ihre Stadt besuchen, das Edelweiß des Meeres sind und am Tintenklecks ihres Busens *sterben* würden. Dennoch zeigte die gemilderte Beamtin betroffen in meinem alten Paß auf das Wort – »Schriftstellerin!?« Sie hat schon den richtigen Instinkt, denn Schriftstellerinnen sind immer tätig und tätige Menschen sind gefährlich, oft sogar unzurechnungsfähig; aber ich sei nur erdentrückt, erklärte ich ihr, sozusagen eine Dichterin, das Blumige aller Aufsätze und Artikel hinge wohl mit den Blättern im Zusammenhang, aber nicht am Kopf. Seitdem wartet das belehrte Fräulein mit mir Tag und Nacht auf mein Visum. Mir ist, als ob ich schon wochenlang im Wartezimmer eines Nervenarztes warte. Sanitätsrat Magnus Hirschfeld hat mir Fichtennadelbäder verschrieben; ich warte also scheinbar im Gehölz. Und ich bitte Sie nochmals, Herr Doktor, ein Wort an höchster Stelle für mich einzulegen, meine Wiederkehr in die Schweiz zu beschleunigen oder gar zu erwirken. – »Daß ich tot zur Welt kam,« erzählte ich Ihnen ja schon vertraulich. Von unerlaubten Umtrieben kann also doch keine Rede sein. Ich spukte höchstens mal um Mitternacht in den kleinen Gassen und Winkeln Ihrer Stadt umher, meist unter Aufsicht meiner beiden Zürcher Freunde; über die hohlen, rissigen Wege, unter dem priesterlichen Wintermond wandelten wir an niederen, bunten Häuschen vorbei wie durch Steinhecken. Max Gubler, der große Zürcher Maler, die Schafgarbe unter den Hirten, malte seine schlafende Stadt in allen ihren

Schneemänteln. Ich in der Mitte, steigen wir die hohen Treppen wieder talab. Gubler bestätigte immer sanft meinen Überschwang, aber Melchior Knecht alias Walter Meier, der Dichter, sprach den Sopran zu meiner Begeisterung. Sie merken, Herr Doktor, ich bin mit meinen Gedanken schon in Zürich; auf seinem weiten Bahnhof stehe ich und vernehme mit Entzücken, wie höflich sich aller Länder Sprachen begegnen und ich glaube, man erzielt nur tolerante, taktvolle Menschen durch unbehindertes Sichmischenlassen. Und so hat von allem abgesehen: Brotkarten, grasso od olio, Bolschewismus, die Einreise der Fremden in Ihr Land *ein* Gutes wenigstens gehabt. (Ich denke an mich...) Ich liebe die Schweiz, über Zürichs interessante Bahnhofstraße, die zu den Cafés, Terrasse und Odéon führt, durch die frischfreien Städte aus Kristall, schreiten oft Männer breitschultrig, Gesicht und Bart aus Holz, sofort aus Hodlers Gemälden kommend. Der Meistermaler selbst hatte ein großes Holzherz in der Brust, an dem ein Edelspecht klopfte. Ich liebe Ihr Land, seine lieblichen Täler, die Bäche lächeln wie Grübchen. Die Höhen sind Götter und tragen grünliche Gletscherbärte. Und die vielen Wiesen und Seen und Wälder; ihre blühenden Spielsachen bedeckt, wenn es kalt wird, der Schneestern. Und immer legt der Himmel dem Berg einen zartfarbenen Schleier um den Rücken, bis die Goldmutter ihn aufknüpft. Von meinem großen Bogenfenster im herrlichen Elitehotel bemerkte ich oft, wie mich die Gipfel der erhobenen Erden grüßten; einer der Bergkolosse, Sie glaubten mir ja nie etwas, Herr Doktor, kam tatsächlich ungehindert des Kirchturms und der Häuser bis dicht vor meinen Balkon und grollte. Ein Berg *muß* grollen! Mein Gemach war überhaupt ein dreieckiger Waldfleck; ich lag morgens zwischen dem matten Grün der Gobelintapeten, bis mich eine gestickte Nachtigall erweckte. Der junge Josefl, meines liebenswürdigen Hoteliers einziger Sohn, erwartet mich mit Schmerzen in jedem ankommenden Zug aus der Richtung Berlin. Ich bin nämlich die einzige Sterbliche, die mit ihm zu überlegen vermag, ob er Moissi oder Edison werden soll. –

Aus der unabsehbaren Trübe möchten viele Menschen in die Schweiz kommen und daß die Tanzsucht ausbrach und in Berlin und Umgebung, epidemisch zunimmt, gerade im lahmgelegtesten Land, ist weiter nichts anderes, als die natürliche Sehnsucht, eigener Bangigkeit zu entkommen – Flucht (ohne Visum). Denn selbst der Mond über der Hauptstadt von Deutschland ist nicht mehr der alleinige wohlbeleibte, alte Herr; zusammengeschrumpft, gallenerkrankt murrt er grießtrübe über ein Land, dessen Herz blutgenagelt an der Verzweiflung hängt. Von der maschinellen Bewegung des Krieges waren die Menschen eingeschläfert. *Zu Maschinengewehren gehören Bleisoldaten.* Die wilden Stämme der Wüste überfallen sich über Nacht, Herr Doktor, um sich in der Frühe schluchzend zu versöhnen. Solche Kämpfe sind mir verständlich, sie sind organisch und menschlich und sozusagen wild aufgewachsen. Aber da ich nie lernen konnte, bin ich vielleicht nicht maßgebend, Herr Doktor. Ich meine, je mehr Todesmaschinen gebaut werden, desto weniger seelische Kräfte können sich entfalten. Früher reiste man noch *ab* und *zu* in der Phantasie nach Vampur; wer tut das noch mit der Palme in der Hand? Jetzt steigen die Reisenden in den Flugapparat, da ihre Herzen entflügelt sind, und erzählen keineswegs, wohin sie geflogen sind, aber wieviele Kilometer weit. In der Schweiz haben die Menschen das Steigen zu Fuß noch nicht verlernt. Sie sind auch verwandt mit jedem Stein und jeder Alpenblume ihrer Heimat. Und die Erbauer der Zahnradbahnen sind viele einer Gebärde mit ihren Bergrücken vom Tal zur Höhe. Die Dolderbahn in Zürich usw. Bei einem Ausflug in den Tessin fuhr ich im Locarnos Funicolare; Paolo Pedrazzini hat sie gebaut, ein schwindeliger Flug, eine jedesmal wieder sicher verhinderte Luftkatastrophe, ein monumentaler abgeschossener Pfeil über wildwachsendem Felsgrund, schaurig und süß an Goldbüschen, Quellgeriesel und den hohen blühenden Camelienköniginnen vorbei erreicht die genialste Bahn ihr Heiligtum, den Gipfel des Klosters Madonna del Sasso, deren Mönche, Großgemsen, feierlich zur Maria emporkletterten oder über des Erbauers heroischem Rücken die Himmelspforte erreichen. – »Das Schweizerland ist doch ein besonderes Erdreich«, sagte Wedekind zu mir, wir warteten beide auf der Landungsbrücke des Züricher Sees auf unser Schiffchen. Er wollte nach Rüschlikon zu Dr. Guggenbühl, ich nach Eilchberg in Dr. Hubers großes Sanatorium, – wieder – Kuchen essen lernen zwischen Schlaraffenlandlaub. Selbstlos ist es und üblich, seinen Gästen in Deutschland vom eigenen trockenen Brot zu reichen, also seinen Leib zu brechen. Ja ein hungerndes Land übt heilige Gastfreundschaft und Abendmahl, schon der Jesuse zum Angedenken und Treue, die meist noch nicht einmal für ihr Ideal am Kreuz hangen oder gar in Massengräbern von Ratten angenagt verwesen. Ihre kleinen Geschwister jammern eng aneinandergeschmiegt nach ihren großen Brüdern, sie wollen sie wiederhaben aus Rußland oder aus dem Westen. Meines Halbbruders des blauen Reiters Franz Marcs geheiligter

Leib wurde vor einiger Zeit überführt von Frankreich nach Ried in Oberbayern. – Im grauen Morgenstern und Nachtklingen, Schüsse und wildem Elend trat der Gruppenirrsinn auf, Herr Doktor; es bildeten sich immer Gruppen auf den Straßen und Plätzen aus Spannung vor dem »Wie wird es werden?« Aber auch aus Furcht vor der Öde, aus Anschmiedungsdrang entstanden diese merkwürdigen Straßengesellschaften, in blinden Wirren gemeinschaftlich auszuruhen. Irgend jemand murmelte etwas zu den Zuhörern; meist ist der Redner freilich nur ein Häscher in seiner Grube, manchmal aber hörte ich auch einen Donnergott zürnen, ihn ebenfalls wie die Lauschenden stumpf anhimmelnd. Aber die Tage der Revolution, hochzuverehrender Doktor, vergesse ich nie im Leben; es waren Römerzeiten! Ein feierlicher Schwur, eine einzige Fackel war Berlin, die aufwärts lohte. Rührende Worte sprachen die einfachen Landwehrmänner an das Volk aus geschmückten Karren, die zu Siegeswagen wurden in der Hand des schlichten Rosselenkers. Ich glaube, daß sich alle Soldaten der Länder leise berühren, gehässig sind sich nur von denen, welche nie draußen im Kriege bluteten oder sich nie gegenüber in den Gräben lagen, Unzucht mit dem Krieg trieben oder sich mit ihm etablierten oder Luxusausgaben von ihm drucken ließen. Die wissen nichts von der schweigenden Treue der *Feindschaft*, die schließlich zusammenblutet und überraschend entwirrt. Nie hörte ich einen Soldaten, aus welchem Lande er auch stammte, anders wie *hochachtend* von seinem Feinde reden.

Ich habe Ihnen nun alles geschrieben, Herr Doktor, was noch auf meinem Herzen zu entziffern möglich ist. Manchmal dichte ich auch wieder von Theben; ich bin alleine noch von allen Prinzen übrig geblieben; muß doch guter Wein sein, die Blume konnte man mir nicht brechen. Mein Neger Ossman freut sich, daß man uns nicht stürzen konnte. Er fragte mich, ob sein Schwager, der Zuluhäuptling von den Karolineninseln, der interniert im Eispalast vier Jahre gefroren hätte, wenigstens auf meinem Balkon mit seiner Familie einstweilen wohnen könnte? Abends raubt er die Edamer – und Schweizerkäseattrappen (seligen Angedenkens) aus den Filialen Grohs. Ich pfeife durch die Querstraßen; an die Schüsse haben wir uns alle schon gewöhnt, und ich weiß wirklich nicht, »warum ich so traurig bin«. (Übrigens unter uns, Herr Doktor, die Loreley soll mächtig mit den Engländern flirten.) Nachts quält mich Alpdrücken, alle Bonbons aus Zürich legen sich gereiht in schweren Ketten um meinen Hals. Und der ge-

füllte Blätterteig aus Sylt im Vegetarierheim gehört schon in das Sagen-
reich. Wir sterben alle an zu *wenig* Zucker, der ersetzte wenigstens noch die
Liebe. Aber die Liebenden sind aus den Wolken gefallen, nur ich feire ab
und zu noch Himmelfahrt in Versen. Theodor Wolff würde so gern wieder die Gedichte von mir ins Feuilleton bringen, aber er fürchtet, die literarischen Karl von Moore der Bolschewisten könnten mein Manuskript
im Fach seines Schreibtisches bei einer etwaigen zweiten Einnahme: (es
handelte sich nicht um Jerusalem, nur um die Jerusalemerstraße) vorfin-
den und auf dem Dach seines Hauses einen lyrischen Abend veranstal-
ten. Über *den* würde man nicht Herr werden. Sie, hochzuverehrender Herr
Doktor, möchten ihm doch Beiträge senden, Theodor Wolff hielt Sie für
einen der feinsinnigsten Essayisten der Literatur.

Es lebe das Schwitzerland und meine verbindlichsten Grüße an den
Herrn Bundesrat.

In aller Verehrung   Ihr Prinz von Theben

57

EIN OFFENER BRIEF AN
FINANZMINISTER DR. REINHOLDT

Hochzuverehrender Herr Minister a. D.

Ich erinnere mich noch ganz genau, was Sie einst über meine Dichtungen und – wie ich sie vortrage – geschrieben haben im Leipziger Tageblatt. Darauf mich beziehend, bitte ich Sie um baldige Audienz, Herr Minister. So begann mein Schreiben im vorigen Jahr, ich glaube, es war auch im April, die Sonne schien nicht, aber ich schien – auf der richtigen Spur zu sein. Daß Sie gerade, Herr Minister, Finanzminister geworden sind, kommt mir gelegen. Kolossal mir entgegenkommend vom Staat! Sie trugen, wie in Leipzig, noch dieselbe Uhrkette um den Hals geschlungen und haben sich den lieben klugen Gesichtsausdruck wie dazumal bewahrt, Herr Minister. Ich betrachtete Sie von meinem zu Ihrem Ledersessel, ohne daß es Ihnen auffiel. Wir sprachen wie alte Bekannte; dichtende Menschen haben sich immer einmal im Mond oben getroffen. Sie ahnten, daß ich wegen meiner bunten, aber ganz zerfallenen Stadt Theben gekommen bin, eine eventuelle Anleihe zu riskieren. Sie zwinkerten nämlich so nett mit Ihren Augen und ich ritt im Gedanken, die Siegesfahne in der Hand, auf meinem alten Kamel: Amm in meinen ramponierten Palast zurück. Sie versprachen mir, Herr Minister, zu tun, was zu tun möglich ist. Ich habe 15 Bücher gedichtet und ein Manuskript und drei broschierte Werke (noch nicht aufgeschrieben) verstauen in meinem Kopf. Das ist doch schade? »Entsetzlich schade!« betonten Sie, Herr Minister Reinholdt. Wenn ich nicht irre, weinten wir sogar beide darüber. Dann begannen Sie mich zu fragen: Ob ich nicht vom vielen »Aufräumen« sehr angegriffen sei? Meine, die Ihnen vorgestern gesandte Broschüre: »Ich räume auf« gegen meine Verleger hielten Sie zwischen Ihren Händen, hoben sie empor und betrachteten mich, den Dudelsackpfeifer, auf dem Einband. Die Broschüre, Herr Minister, ist die Ursache an Thebens Zerfall. Ich habe mich nämlich jahrelang nur der mir heiligen Mission gewidmet, und immer wieder für die Verbreitung meiner Anklage, die die Klagen aller Dichter, verstorbenen und lebenden, enthält, gewidmet in Freudigkeit. Betrachten Sie mich nur, wie unmodern ich gekleidet und zerrissen bin

und ! ! meinen Schrank müßten Sie erst sehen, alles kreuz und quer über-
einander, wie ich es schnell hineinwerfe. Will ich aber eine der Broschü-
ren fortschicken, schleudert sie mit sich aus den Fächern: Taschentücher,
Strümpfe, Bänder, meine thebetanische Spielkrone, meine entzückenden
Nippes, den kleinen Vogelbauer, mein Gießkännchen, meine Schlange im
Ei, Jupiter Däublers: Râh; zu guter Letzt mein Punktroller. Ich kann Gift
darauf nehmen, einer meiner Samtstiefel fliegt mir jedesmal beim Öffnen meines Schrankes an den Kopf. Man gründete Vereine! Der Schriftstellerverband ward neu tapeziert, Küche ausgestattet, Badezimmer ma-
nikürt. Ein Linksanwalt hat sich ,»ich räume auf«, im Zentrum etabliert,
für Dichter, die mit meiner gläubigen Schrift gerüstet zu ihm steigen hoch
im Lift!! Alles hinter meinem Rücken! Zu guter Letzt die deutsche *Dichterlaubenkolonie* – auf ihrem Beete wächst mein rotes Räumauf-Träumauf
im Blumentopf als ihre einzige Poesie.

»Willkommen, Buddenbroks and son!
Herr Fulda hielt den Damentoast als Gentleman,
Ricarda? War da!
Sie lächelte verlegen –
Es kam ein Boy, die Jamben alle fortzufegen!
Susannâh, Vizepostata,
›Ihne mei Herz‹ … alles in bar.«
Hauptmann ersetzt Benzmann,
Holz ward Scholz.
Und es betont Gott Leonhard:
»Der Mensch ist gut im Backenbart.«

Mit der Bitte, endlich die thebetanische Frage zu erledigen, zeichne ich
unter Trommel- und Schellengeläute
Ihr gehorsamster Prinz von Theben,
Jussuf

Ich schreibe so selten über Bücher oder Städte, durch die ich spaziere und die mich einladen zu bleiben. Bücher bedeuten für mich Städte, Städte Bücher, leere und lebensreiche. Und da das Buch mir eine ganze Stadt entfalten kann, mit Straßen und Läden und Menschen, die vor ihrem Schaufenster stehenbleiben, genügt mir schon das Buchhändlerlexikon mit der Anzeige neuerschienener Bücher. Genau wie die Stadt veranlaßt oft das Buch noch zu bleiben, alle seine mannigfachen Seiten zu durchstreifen. Nicht der Handel allein lockt den Menschen in die Großstadt oder gar die vielerlei Vergnügungen, aber der mächtige Atemschlag, die gewaltige Bewegungsmöglichkeit, der Austausch des spannenden Gaukelspiels seiner pulsierenden Gedanken und Gefühle. Wie jede Stadt einem Gulliver ein Riesenspielzimmer bedeutet, enthält selbst das wissenschaftlichste Buch seines Autors Spielsachen. Er stellt gedruckte Schau aus. Doch nicht bei jedem Buche trifft es zu, daß es sich um des Schreibers erwachsene, gereifte Spielsachen handelt, oft leider nur um übertünchte, zurückgebliebene. Darum begeistern sich gerade die bedeutenden Dichter an der noch ungefälschten, schlichten Kindlichkeit des Volksliedes. Heiliger Präsente Herzschau. Ein Zwischending der Stadt und dem Buch ist der Laden. Im Grunde ist jeder Laden ein Spielzimmer. Sein Schaufenster, das große Guckloch, sein spielerisch dekoriertes Willkommen. Nie hört, solange wir leben, das Spiel der Gedanken und der Gefühle auf, und die blutrote Spielkammer des Herzens barg wohl das allererste Spiel. Und schon der Mitteilende – legt aus, ausbreitet seine Habseligkeiten. In einem Buche allerdings befleißigt sich der Niederschreibende, methodisch die Dinge und Undinge nebeneinander zu vereinen. Steht auch kein Preis auf jedem seiner Worte, so fordert er für seine Hingabe – Verständnis. Er legt seine Produktion, manchmal aber auch die aus fremder Bezugsquelle, im Buchhändlerdeutsch angezeigt, auf den Spielplatz des Marktes. Ja, die Spielsachen sind wohl die Hauptsachen der Welt, die faßbaren und die unberührbaren. Die Honorare sind es nicht, die man meist nicht einmal erhält. Die Flut des Talentes ist es, die die Muscheln und Korallen über den Rand unserer Lippen schleudert. Der angestellte Vermittler der Spielläden unserer Spielsachen ist der Verleger – – – bei uns klingelt es nur.

Bücherkarren auf dem Auguste-Viktoria-Platz (heute Breitscheidplatz),
Charlottenburg, um 1930

Für mich bedeutete schon als Kind jedes Buch, ob es von Max und Moritz
oder vom Struwwelpeter handelte, einen Spielraum, wie jeder Laden unserer Stadt. Und trotzdem ich nun so wenig Zeit habe, überall bleib ich vor
dem Schaufenster stehen, mir die vielen Dinge anzusehen. Selten möchte ich dieses oder jenes mir erstehen, denn – ich habe es ja, habe ich es an-
gesehen. Und wie man gerne ab und zu einen Schmöker liest, so liebe ich
auch die anspruchslosesten Ladenfenster primitiver Läden klirrend um-
zublättern. Wie amüsant sind doch die Seifenfilialen, Wasservogel, ein
Schwarm davon in jedem Viertel:

Rosen, Nelkenseifen, weiß und lila Flieder
Liegen waschgerecht in sauberen Schachteln immer wieder.
Zwischen Kitschodeuren und Lavendel

Pflegt man zu verpacken allerhändl
Für den Schauenden zum Zeitvertreib.
In den Tagen unserer Osterzeit,
Schäumen Osterhasen gar nicht teuer.
Besen, Scheuertücher, »Liebgeruch« für Tante Meier,
Pinsel mit und ohne Stiel
Und zur Seite ihnen Lux und auch Persil,
Soda, Wichse, beinah viel zu viel.
Nippes sind mir all die primitiven Dinge –
Ich wand're weiter und ich singe:

»Es gibt ja soviel Läden, was brauch' ich einen Bücherschrank!« Zerstreuung bietet mir der Straßen mannigfaches Leben. Obendrein ich eine Spiellust geerbt hab' sondergleichen; wahrscheinlich nur meinem Vater zum Vorwand geboren bin, noch in seinen weißen Jahren die Spielware der Läden, mich vorschiebend, unauffällig betrachten zu können. Daß er sich Kreisel, Murmeln, blecherne Enten, die watscheln konnten und schnattern, zur Morgenimbißfreude kaufte, aber ebenso in den Weinhandlungen die Flaschen und kleinen Fäßchen Mosel, seine beschwipsten Kasperlefiguren jauchzend tanzen ließ, daran waren die fröhlich Zechenden schon gewöhnt. Könnte man wie Bücher die Läden auf Regalen ordnen oder irgendwo auf Marmor legen, so würde man, wie bei Büchern, von Romanläden und Gedichtläden, wertvollen und tiefen Läden, Schmöker- und Hintertreppenläden sprechen und sie so unterscheiden. Gestern, es war am Sonntag, bekam ich einen lyrischen Laden, einen Erstklassiker, in mein Haus gesandt, zwischen silberrauschenden Bucheinbänden: 100 Jahre Gebrüder Friedländer. Der Senior des kostbar verbrämten Spielladens Unter den Linden grub einst selbst das Material zu den edlen Spielsachen – in Australien.

RUNDFRAGE
Wie stehen Sie zum § 218 Str.-G.-B.

Paragraph 218, wahrscheinlich der des Verbots der Abtreibung?? Ich vermute?

Was noch nicht atmet, lebt nicht; die Schäden der »Kindtragenden« – ihre Privatsache! Aber warum werden nicht öffentlich unschädliche Mittel verkauft? Außerdem haben nur weibliche Richter über diesen Paragraphen zu bestimmen, da bekanntlich *Männer noch nie im Leben es bis zum neunten Monat gebracht haben.*

Else Lasker-Schüler

AN DAS RUSSISCHE CABARET »DER BLAUE VOGEL«

Hochzuverehrender Herr Conferencier Jushny!

Man kann so etwas nicht träumen! Die Spezies Ihres blauen Vogels kam bis jetzt hierzu Lande nicht vor. Ich spreche zu allen Menschen von Ihrem blauen Vogel; jeden Abend käm ich am liebsten in den bunten Gottesdienst; er beseeligt. Ich sagte es Ihnen schon selbst, Herr Conferencier, Ihr Cabaret sei das erste Cabaret-Theater, das keine Zote als Violinschlüssel trage. Sie sind der Zauberer, der Papier in Seide, der ein Gemälde in Fleisch und Blut verwandelt. Die junge hervorragende Geigerin begleitet all den Zauber mit wundervoller Musik. Und Sie, Großfürst Jushny, sind des blauen Vogels gentlester Wärter. Ich freute mich immer wieder, wenn Sie aus all dem Schimmer hervortraten mit einer entzückenden Überraschung im Auge, mit einer Laune voll Trommelschlägen zwischen den Händen, und uns Zuschauenden das Applaudieren beibrachten. So beteiligten Sie uns am Orchester. Ich danke Ihnen für jede Minute in Ihrem Cabaret, dem unvergleichlichen blauen Vogel.

Else Lasker-Schüler

DIE LAMAS

Wenn es durch die Korridore des Hotels »Der Sachsenhof« leise schellt, beten die Lamas gemeinsam vor ihrem geweihten herrlichen Buddha-Teppich. Seit kurzem schließen sie mich in ihr Gebet ernsthaft ein. Sie bewohnen fast die ganze zweite Etage des gentilen, heimatlichsten Hotels: Der Sachsenhof, darin ich schon viele Jahre wohne, das mich ebenfalls gastlich aufnahm und ich lieb gewann, wie ein internationales Zuhause. Zwischen tibetanischen Priestern Wand an Wand lausche ich andächtig fremden tiefen Zeremonien. Gesänge, die den Lamas teuer sind, die sie immer wieder leiernd aufrollen mit dem heiligen Gebetteppich, die Berge näher zu zaubern, die Heimat zu betreten, von deren Anhöhen sie herabstiegen, ihre Klöster verließen, einen anderen Erdteil zu schauen, den zu erreichen ihnen bis dazumal eine Traumreise nach dem Abendstern, unerklärlich verwirklicht, erschienen wäre. Europa spielt sich augenblicklich für unsere asiatischen religiösen Gäste in unserem Hotel »Der Sachsenhof« ab, ein fruchtbarer Planet, der sie reich und verständnisvoll beherbergt. Der Sternenfee Anny, dem blauäugigen jungen Fräulein der Etage, verdanken die Tibetaner eine Menge deutsche Worte, die nun ihre feinen Lippen zu bilden verstehen und Tee, Kuchen, Zigaretten zur angenehmen Folge haben. Der Dalai-Lama pflegt aus seiner eigenen goldverbrämten Tasse den Tee einzunehmen. Entzückend, wenn er im roten Festgewand an meine Tür klopft und auf mein aufgeschrecktes Herein artig erklärt: »Der Ober-Lama!! Gut Morgen.« Hingestreckt oder mit gekreuzten Schenkeln und gefalteten Füßen auf seinem seidenen Kissen ruhend, folgt er verzückt den glockenartigen Klängen der Rhythmen Buddhas und wandelt im Geiste schon über die tönenden Pfade, die ihm aus ihren Stimmen die jungen Mönche bereiten, lebend ins Nirwana. Die Türe des weitesten Hotelzimmers steht meist angelehnt, darin sich die kleine tibetanische Gemeinde beim Beten versammelt. Ich glaube, ihr Dalaihaupt liebt es, wenn man heimlich teilnimmt. Es sind liebe, kindhafte Menschen, fromm und weise, die von der Höhe ihres Landes zu uns kamen; stille Blumen ranken sich um ihre sonnigen Herzen, und ihre milden Sammetaugen gleichen den heiligen Rinderaugen ihrer Urgottheiten. Manchmal erwacht der Schelm in den jungen,

Hotel »Koschel«, später »Der Sachsenhof« in der Motzstraße, um 1910

zutraulichen Mönchen, dann laufen sie bangemachend mit vorgestreck-
ten Armen in ihren monumentalen Teufelsmasken, die sie bei den Klo-
sterfesten in Tibet tragen, durch die Gänge des Hotels; bis ihr Bogdahan,
der oberste Priester, sie lächelnd zur Ruhe mahnt. Ihre glühenden Herzen
sprühen ihre neckende Laune ab, doch glimmt sie noch im Gesang ihres
Chors. Wir im Hotel möchten ihnen dann lauter Freude machen, sie mit

66

Geschenken überraschen. Die Tiefe ihres Wesens ist wohl kaum ein Europäer imstande zu ergründen; ich würde was darum geben, könnte ich ihre Sprache sprechen, wenigstens die Worte lesen, die an der Pforte ihres Herzens vernarbt in Buddhafrieden in sanfter Blutfarbe sich offenbaren. Man muß verstehen, zwischen den Wimpern ihrer Seele zu lesen. Sicherlich vermag der Dalai-Lama, angelangt am Ziel des Gebetes, Vorgänge zu bewirken, von denen ich oft in den Büchern las, die Reisende durch Tibet schilderten.

Viel Freude macht es den Lamas, im Gesellschaftsauto durch die Straßen Berlins zu fahren. Hintereinander besteigen sie den großen Wagen in ihren hohen Fellmützen; eine jede ein kleiner Mount Everest. Als letzter betritt der Dalai-Lama, in seiner außerordentlichen Würde, gelassen den harrenden Autogipfel, den höchsten Sitz. England und Frankreich besuchten sie schon, bevor sie unsere Gäste wurden. Neben dem Hotel »Zum Sachsenhof«, im Theater am Nollendorfplatz, kann man der Lamas religiösen Feiern und Tänzen beiwohnen. Ihre Trompeten sind etwa zehn Meter lang, und ihre Weihe schwebt über die ganze Erde.

IM GARTENHOF
Ohne den Katzen nahe zu treten,
denn sie leiden durch die Rohheit der Menschen

Ich wohne beinahe nun an der Wurzel der drei Bäume im Gartenhof, von dem ich schon so manches erzählte. Ich bin nämlich einen Stockwerk hinuntergezogen in ein größeres Zimmer, kann mich aber dafür nicht mehr mit den Bäumen unterhalten. Die haben natürlich wie wir ein Gesicht und einen Mund zum Sprechen. Für mich sind Bäume auch Menschen, jedenfalls Geschöpfe, die aus dem Brunnen der Luft Atem holen, durstig sind, sich erquicken, betrübt und himmelhoch jauchzend sein können, sich den Sommer über unvergleichlich freuen. An dem einen der vielen entlaubten Äste der Linde hängt so etwas Unmotiviertes, vom Sylvester her Hängengebliebenes. Das ärgert mich, es bringt Unordnung im freigelegten Geäst, im Gleichmaß seines Winters, da auch der Schnee nicht vermochte, die verblichenen Papierstreifen abzuspülen. Ich würde niemand einladen, meinen Gartenhof zu betrachten. Er ist vielleicht noch einfacher als jeder Gartenhof rings vor den anderen Häusern angelegt. Er dient ja ausschließlich zur Lüftung der Hotelzimmer. Selten betrachten ihn Gäste aus ihren Fenstern, und sie würden es nicht für möglich halten, daß man irgendein Wort über unseren noch dem gegenüberliegenden Hofe, imstande sei zu schreiben, geschweige zu dichten. Aber wer dichten kann, vermag aus einer Handvoll Erde ein Paradies zu zaubern. Heute jedoch hat sich alle Melancholie unter den drei Bäumen zusammengefunden. Der Hahn wurde gebraten, und von den Hühnern kochte man Neujahrssuppen. Nur die Katzen unseres Hotels leben noch. Erscheinen mir grau, schleichender Nebel, der sich in den Keller legen möchte, heimlich Junge brüten, die blind wie Eier sind. Die Katzen sind so ein Miauen für sich! Ich habe Angst vor Katzen, nicht etwa vor ihren rätselhaften Augen, die man wahrscheinlich an Geheimnis überschätzt. Auch bin ich selbst zuviel Vogel, nicht Partei zu ergreifen. Ja, ich flüchte mit den Vögelscharen vor allen Knochenlosen, selbst dem Schmeicheln der jungen spieleifrigen neugeborenen Kätzchen. Auch empört es mich, daß die für die hungernden Vögel von mir hingestreuten Krumen wahrscheinlich sich die Katze holt. Die Vögel sind meine wirkliche Freude; das weiß Gott. Es geschah noch im verflossenen alten Jahr, daß jemand in den Gartenhof schoß, von gegenüber aus dem Gartenhof. Ich wunderte mich über den Donnerschlag im Winter, der, wie sich herausstellte, nicht aus der schlafenden Wolke, aber aus einer Pistole sich entlud. Der Kater lag erschossen von mörderischer Hand auf dem kleinen feuchten Rasenplatz. Aus seiner Seite strömte ein aufbäumender roter Fluß. Soviel Blut habe ich noch nie beisammen gesehen. Man hätte drauf in die Hölle schwimmen können. Denn nachts pflegte er unmündige Katzen zu vergewaltigen, und die gescheckte Rosa, erzählte mir der Liftjunge, wurde auch das Opfer seiner Lüste. Seine indiskreten Aventüren erweckten die müden Reisenden unseres Hotels und die Leute von gegenüber. Beneidete auch mancher verknöcherter Junggeselle, pardon, des Katers unumgrenzte Freiheit. Ich muß sagen, mir tat der Kater leid, er war verendet. Wir freuten uns, nicht von der Kugel getroffen zu sein. Doch ich versuchte, meine Abneigung gegen das Katzengeschlecht zu überwinden. Als ich vor einigen Nachmittagen heim in mein Zimmer kam, mein Fenster öffnen wollte, überraschte mich das Spiel zweier unserer Hotelkatzen, sie spielten nämlich wie Schulkinder: »Verstecken!« Zwischen altem Gerümpel, Sofa und Lehnstühle, Decken und Gardinen, alles zum Auslüften ins Freie gelegt, verkroch sich behutsam die gelbe der vier Katzen, in der Zeit Rosalinde, die frühzeitig Verführte, vor dem Zaun unseres Gartens auf das Signal ihrer Spielgefährtin von vis-à-vis wartete… Und dann mit einem Satz über die hölzerne Hecke in den fremden Hof sprang, Flur und Keller absuchte, zurückkehrte, die vermoderten, staubigen Stoffe der Möbel beschnüffelte, endlich die Kameradin fand mit kindlichem Miau. Dann kam die Reihe an Rosa, die Freundin zu suchen, und so wiederholte sich beständig das Spiel. Bis eine wunderschöne, schlanke Krähe geflogen kam, sich auf den entlaubten nächsten Wacholderbaum niedersetzte, der spielenden Katzenkinder unschuldige Instinkte erweckte. Eine einzige rote Beere hing noch am Zweig, eine Koralle am Ast. Mich berauschte der eine blühende Tropfen, mir noch aufbewahrt vom Sommer her.

DIE EBERESCHE

Wenn ich ein Stückchen Land besäße, ich würde mir ein kleines Wäldchen von Ebereschen pflanzen. Ein einziger der glühenden Bäume könnte schon das Glück eines Spätsommers ausmachen und verklären. Ja, die Eberesche leuchtet in den Dezember hinein, täglich etwas dunkler werdend und zweighängerischer. Bis die letzte Koralle an der Dolde wartet auf die Schwarzdrossel, die sie aufpickt. Im schwarzen Frack, elegant, vornehmer noch als die Krähe, setzt sie sich nieder zum roten Beerenmahle. Oft schwingt sie sich aus einer Schneewolke herab, versammelt drei, vier, fünf und noch mehr der schwarzen Wintergäste auf dem gastlichen Baum. Auf den gerade haben sie es abgesehen! Aus den Gärten der Umgegend ragen ja noch einige Ebereschen korallengekrönt über die Dächer der Häuser, aber eben auf unserer Eberesche zu dinieren, sind die Gourmets erpicht. Ich bin ihr Truchseß und bringe Dessert: Brotkrumen; allerdings an Sonn- und Feiertagen dediziere ich den entzückenden Schwarzdrosseln süßeste Schnecken. Nicht lebendige etwa im Schneckenhäuschen, doch aus Weizen gebackene mit Korinthen bestreute, zuckerglasierte. Wie selig, ein ganzes Wäldchen von Ebereschen zu besitzen, von flammenden Bäumen, von Zweigen, an denen die lebendige Koralle wächst. Schwarze Vögel kommen und vollenden das Farbenspiel! Oft durch herabgefallenes Laub nahen sie mir märchenhaft entgegen oder schnellen auf wie der Wind mit dem Wind!

Es dauerte schon eine Zeitlang, bis sie mich kannten und mich rechneten zu ihren beflügelten Seelen. Eine Schwarzdrossel bin ich, trete ich auf samtenen Krallen durch die kleine Türe unseres lieben Hotels in den Gartenhof. Ich scheuche selbst erschrocken auf, wenn es unvermutet jemandem einfällt, mir Schneckschnack zu bringen. Denn ich sitze so gern in Gedanken zwischen den herrlichen Vögeln auf der ritterlichen Eberesche. Sie ist in Wahrheit eine Ritterin, das beweisen ihre stolzen, roten Blutstropfen. Die brauchen sich nicht erst in den Adern vor der Natur zu verbergen, sie hängen in Dolden unzählig an all ihren vielgegliederten Zweigen. Als der erste Schnee fiel und auch die Eberesche einkleidete, kam eine ganz große Schwarzdrossel, und ich sah, wie sie mit ihrem spitzen Schnabel die Beeren am Baum von dem weißen Naß oder dem feuchten Weiß befreite. Sie schüttelte eine jede der kleinen Früchte der Dolden, nach Gutdünken und Gutschmecken, heftig hin und her, bis sie ihr gesäubert erschien für die Tafel. Die schwarzen Freunde und Freundinnen verfolgten der fleißigen Arbeiterin lebhaftes Gebaren mit leuchtenden Augenpaaren. Aber, daß sie ihr, nach des Schneeschippens anstrengender Arbeit, die paar noch hochfrischen Beeren zur Belohnung großmütig überlassen hätten, davon habe ich leider nichts bemerkt. Doch sie selbst regalierten sich, indem ihre spitzen Schnäbel den Wein aus jeder der kleinen Rebe tranken. So recht delikat, wie der Weinkenner, schoben sie, zunächst probierend, die entzückenden klugen Köpfe in den Federrücken, kosteten und kosteten, bevor sie so recht ansetzten, dem Schluck die Ehre antaten. »Wohl bekomm's!« dachte ich. Doch sie nehmen schon gar keine Notiz mehr von mir. Auch niemand in den Häusern rings herum, in den vielen Zimmern und Dachstuben, ahnt auch nur, daß ich es bin, die Mannah – an Sonn- und Feiertagen, Mannah mit Korinthen und Zuckerguß, auf die Leinwand der Laube regnen läßt, darüber die rotschäumenden Zweige der Eberesche hängen.

DIE WAND

Schräg vor meinem Fenster erhebt sich eine Wand. Wie die Gesetztafel vom Gipfel des himmlischen Felsens gebrochen, entwuchs mir meine Tafel aus der Erde heiliger Ahnenschicht. Und es kam mir nie in den Sinn, mich zu erkundigen, wes Häuserrücken sie sei. So hoch und breit sie mich auch einladet, überwältigt, meine Verse in ihren morschen Stein zu prägen, oder gerade darum erinnert sie mich an meine Schulzeit, denn auch sie war wie ich einmal ein Kind gewesen, eine kleine Tafel, ja meine Schiefertafel. In meinem grünen Plüschranzen hat sie gesteckt; immer guckte ihr lieb Schwämmchen, an einer Schnur hin und her baumelnd, durch die engen Gassen, die in die Schule führten, den Leuten nach. Wie groß ist meine Tafel geworden! Eben wusch eine dicke Wolke mit schäumendem Novemberwasser sie für mich blank und keusch. Nicht etwa, um auf ihr das ABC zu lernen oder in Karos die Ziffern der Exempel wieder zu kratzen. – Selbst die Lehrerin schrie auf, wenn der Griffel entglitt. Davon kann hier nicht die Rede sein – MEINE DICHTUNGEN ersehnt schräg vor meinem Bogenfenster die gewaltige Tafelwand, meiner Psalme alte Blutauslese. »Sieh, ich bin deiner Seele Weinberg fortan…« frohlockt sie bis in mein Herz. Und ich will fürder mein weinrotes Wort auf den großen Steinrücken sonnenbeschienen pflanzen, daß es ewig wird! Versperrt er mir auch die Aussicht auf Straßen und Wiesen, so deutet er hin auf die Ewigkeit, aus der unser Vater die Welt erschuf. Aus demselben Korn formt der Dichter Gestalt und verleiht ihr von seinem Odem. Ich habe, seitdem ich mein Zimmer bewohne, allen irdischen Ehrgeiz verloren. Was führen meine und die vielen Bücher in Wahrheit für ein kleinliches, kurzes Dasein, um dann in Bibliotheken zu vermodern. Dieser mächtige Steinkörper des Christopherus trägt meinen Psalm über die ganze Welt in den Himmel hinein. So wird ihn Gott lesen… Und wenn auch einst alle Häuser der Straßen zerfallen sein werden, die unsterbliche Tafel, die hohe Wand unerschütterlich im Stein, in den ich die Sprache krönte, das Wort braute, brausen ließ. Dichter lächeln, die an ihr vorüberwandeln, und wissen nicht, was sie beseelte; den Verfolgten wird sie ein schützender Rücken sein, denn ihre unlöschbare unsichtbare Inschrift ist vom göttlichen Stoffe.

DAS HEILIGE ABENDMAHL

Es war aus zartem Holz ein Tisch, um den Jesus von Nazareth mit den Jüngern das heilige Abendmahl feierte, seines Herzens überflutende fromme Rose den Freunden reichte, ihnen mit dieser innigsten, stärksten Umarmung das ewige Leben schenkte, eine Heimat bereitete, ja den Himmel kredenzte den herben zwölf Juden. Nur einer hatte seine ehrgeizige Seele nicht weit und bereit aufgetan und war erstickt an so viel Gott.«

Das erzählten wir uns behutsam in einem verlorenen Winkel des Kaffeehauses, und die vielen lärmenden geschäftigen Leute vor uns bemerkten nicht die Sonne, die durch unsere Herzen ging und ihre Welt verdunkelte. Wir aber waren geheiligt vom Boden aufgehoben, schwebten vor Ergriffenheit. Du, Arib, sahst aus wie der junge St. Petrus, und Wachholderkarl, du, wie St. Matthäus, und der kleine Doktor Silber, ein freudiger Jünger einer – und ich, wer war ich, die ich schon als Kind an das große Geheimnis dieser Stunde des Abendmahles pochte? Das gelbe, bittere Hopfengetränk in deinem Glase, Arib, verwandelte sich in verhaltenes, glühendes Blut. Arib, du hobst die – Schale an deine harten Lippen und trankst, reichtest dann das Rosenblut Gottes unserm holden Spielgefährten; er trank. Aus seinem Liebreichtum empfing St. Silber das geheiligte Glas und trank. Und ich, Arib, nahm aus deiner vertrauenden Hand den riesengroßen Pokal lächelnd wie einen spielenden Bach am Mittag des Abendmahls und trank ein Meer des Trostes und zitternden Einsseins mit euch in Gott und ewigen Lebens. Uns wurde das Wunder offenbart, der Flügelschlag, der jedes Tor öffnet und die Luft vom Aussatz heilt. Zwölf Menschen bereiten sich immer wieder auf Erden aus Liebe und erfüllen die Liebe, es sind die großen schlichten Judenjünger des Gottessohnes, der vom blauen Berg des Himmels in demütigen Schritten zur Erde stieg, den Menschen zu sagen, sie sollen sich lieben untereinander. Einer seiner Apostel war der St. Judas Ischariot. Gesühnt starb er am Baum. Aber vor der Spur seiner Lippen am Rande der Gottesschale, daraus er seines heiligsten Rabbunis Wein trank, hüte man sich. Sie vergiftet das Herz mit Verrat. – Einer von uns, meine verlorenen Spielgefährten, von uns vier Aposteln, einer streifte arglos diesen Pfad des lebendigen Glases in der Andacht des Trinkens. Ich nehme die Ungeheuerlichkeit ungestritten, um der Liebe willen, auf mich. Verstoßen aber feiere ich jeden Abend mit euch in Gedanken das heilige kleine Abendmahl am runden Holztischchen, das Gebet des ehrwürdigsten Blutes, das Fest des ewigen Lebens:

Nicht die tote Ruhe –
Bin nach einer stillen Nacht schon ausgeruht.
O, ich atme Geschlafenes aus,
Den Mond noch wiegend
Zwischen meinen Lippen.

Nicht den Todesschlaf –
Schon im Gespräch mit euch, himmlisch Konzert,
Ruhe ich aus.
Und neu Leben anstimmt
In meinem Herzen.

Nicht der Überlebenden schwarzer Schritt! –
Zertretene Schlummer zersplittern den Morgen.
Hinter Wolken, verschleierte Sterne
Über Mittag versteckt –
So immer wieder neu uns finden.

In meinem Elternhause nun
Wohnt der Engel Gabriel.
Ich möchte innig mit euch zungenreden,
Seelige Ruhe in einem Fest feiern –
Sich die Liebe mischt mit unserm Wort.

Aus mannigfaltigem Abschied
Steigen aneinandergeschmiegt die goldenen Staubfäden,

Und nicht ein Tag ungesüßt bleibt
Zwischen wehmütigem Kuß
und Wiedersehn.

Nicht die tote Ruhe
So ich liebe im Odem sein.
– Auf Erden mit euch im Himmel schon –
Allfarbig malen auf blauem Grund
Das ewige Leben.

DIE KREISENDE WELTFABRIK

Wer auch nur in sich einen Baum oder einen Pfad gefunden hat, dem kommt die Stadt, in der er lebt, kaum in Betracht. Und erst recht gar nicht dem schaffenden Menschen, dem es vergönnt ist, vom Leuchtturm seines brausenden Herzens über eine Hauptstadt blicken zu dürfen, über Berlin, den unendlichen Häuseracker.

Es ist immerhin eine Schwäche, sich auf ein grünes Sofa zu placieren, in irgendeiner Umgebung seine Idylle auszupacken. »Ruhevoll arbeiten zu können.« Mit Vorliebe flüchten nach der – komfortablen Öde die Ästhetiker, eine Ode zu dichten; die Photographen unter den Künstlern, die Plauschenden mit der Glacéhandschuhhaut. Irgendein Freund besitzt ein Landhäuschen, darin sie den vorlauten Lenz ihrer Literatur bewältigen. – Von Ferne ziehen Wanderfledermäuse an ihren Gärten vorbei in griechischen Hüllen; Sandalenstrippen flattern vor den Beinen, und ihren Lippen entquillt reiche Poesie, die sie in Netzen tragen, Frucht der Erkenntnisse. – Donnerwetter, mutig ist es eben, mitten in der Stadt sich unter Verschiedenart der Menge zu begeben. Wir Künstler sind doch Erschaffende, in uns liegt das Material. Zieht sich Gott etwa auf ein Dorf zurück? Wie der ästhetisch Schaffende – seine Romanseele lüftet auf der Weide in Worpswede oder Lüneburger Heide. Oder wie durch Vorstadt Maie, Amadeus Müller führet sein Naturhaar durch das Freie…

Dieses Berlin, kreisende Weltfabrik. Tempo: auf Rollen laufen die Einwohner, entnerven oder verstehen sich zu entorganisieren, vermögen maschinell zu werden. Immerhin bitte, sympathischer als die Kleinstädter (Anwesende ausgenommen), die auf den Leibern kriechen. – Glühender bewillkommnet man hier den menschgebliebenen Menschen, der sich die Räder wieder von den Schuhen abschnallen kann; seine Prüfung, die die Großstadt ihm auferlegt. Besteht er sie, bleibt er lebendig – zeugt für seinen Wert. Wie bei dem Geld. Der Reiche braucht keineswegs ein Teufel werden, gar ein sentimentaler Kassenschrank, ein weinseliger Barbar. Attention!! An dem aber, der seinen »seelischen« Reichtum nicht zu verströmen vermag, an *dem* kalten »Satan« erfriert die ewige Seele. Meine Liebe zu der Stadt Berlin, zu allen großen Städten, schließt natürlich meine Liebe zu den Wiesen und Wäldern keineswegs aus. Ich entzücke

Motzstraße, Schöneberg, Blickrichtung Nollendorfplatz, um 1910

mich wie keine Zweite über alles, was wächst auf der Erde, und sammle die Eicheln und Kastanien und Beeren, alle die blühenden Spielsachen auf den Wegen und bewahre den Grashalm vor der Brutalität des Trittes. Das Wasser ist mein Spielgefährte, mit seinen Muscheln und seinem Tang. Aber zum Dichten und Zeichnen habe ich mich vor allen Dingen und von allen Dingen am nötigsten. Vergeblich harre ich auf mich, auf meinen Morgen. Welche Liebe wird über mein Herz scheinen und mir die Blüte des Worts entlocken: die Dichtung.

Lange habe ich nichts mehr von den Weinbergen meines Lebens gepflückt, und doch atme ich denselben Atem. Hat die harte Zeit mein Herz asphaltiert oder blies realer Hauch ihre Sonne aus? Ich tappe im Dunkeln.

Die große Stadt, überhaupt keine Stadt, noch ein Dorf jedes Erdteils haben irgend mit einer Produktion zu tun; aber der Mensch, oft ein einziger Mensch. Aus unserer großen Stadt schallt der Schrei, das Getöse der Technik; die Furcht vor dem Tode trägt ein warnendes Gesicht hinter geschminkten leeren Masken, die Sehnsucht aber steigt sofort in den Mond. Unsere Stadt Berlin ist stark und furchtbar, und ihre Flügel wissen, wohin sie wollen. Darum kehrt der Künstler – doch immer wieder zurück nach Berlin, *hier ist die Uhr der Kunst,* die nicht nach, noch vor geht. Diese Realität ist schon mystisch.

Nicht zu überwinden ist des Freundes Abfall, eine Operation, man läuft Gefahr zu verbluten. Selbst mein und sein Haus waren mit Nerven verbunden. Mein Herz feiert Begräbnis. Freundschaft in der Großstadt: des Künstlers Trost, *Liebe* aber seine Offenbarung, *Himmelfahrt.* Nur *diese* Reise hat der Künstler zum Schaffen nötig.

DIE KREISENDE WELTFABRIK
oder ELSE LASKER-SCHÜLER IN BERLIN

Meinen lieben Berlinern – Martin und Matthias

1 Das steinerne Berlin, die Mietskasernen mit ihren Hinterhöfen im
Osten, im Südosten und Norden Berlins sind im letzten Jahrzehnt des
19. Jahrhunderts schon errichtet: unübersehbare Zeichen für die Indu-
strialisierung und Proletarisierung der Stadt. Zu Beginn des 20. Jahrhunderts wohnt die Hälfte der Berliner in Hinterhäusern. »Auf dem Lande«
ist schon, wer in umliegenden Dörfern wie Wilmersdorf lebt oder dorthin einen Ausflug unternimmt. Der Kurfürstendamm, ehemals als Reit-
weg zwischen dem Stadtschloss und dem Jagdschloss Grunewald angelegt, wird nach dem Vorschlag von Otto von Bismarck Ende der achtzi-
ger Jahre des 19. Jahrhunderts ausgebaut und 1886 als 53 Meter breite be-
festigte Straße eingeweiht. Bis zum Ersten Weltkrieg entwickelt sie sich
zum ereignisreichen Boulevard und Mittelpunkt des Westens von Berlin,
wo das Bürgertum seinen wachsenden Reichtum ausstellt und genießt.
Das klassische Prachtzentrum Unter den Linden gerät dabei fast in den
Hintergrund. Das rasche Wachstum von Dörfern zu Städten und der Zu-
sammenschluss mit verbliebenen 59 Dörfern und über zwanzig Guts-Be-
sitzen lässt 1920 Groß-Berlin entstehen. Berlin ist nun »*een Dorf*«, aber
auch ein Industriemoloch. Die Stadt hat große Anziehungskraft, auch auf
Menschen mit Ideen für neue Lebenskonzepte: wie sie wächst auch deren
Potenzial für kulturelle und gesellschaftliche Experimente. So bilden sich
vor der Jahrhundertwende und bis zum Beginn des Ersten Weltkrieges in
Berlin literarische, künstlerische Vereine und Gruppierungen, in denen
Menschen in der rasant wachsenden Massen- und Industriegesellschaft
im wilhelminischen Kaiserreich nach alternativen Lebensmöglichkeiten,
nach Gemeinschaften für die Entfaltung ihrer Individualität suchen.

In diesem Spannungsfeld wird Else Lasker-Schüler zur Künstlerin.

Nach Berlin kommt die 25jährige auf ganz konventionelle Weise: Der
Eheschließung mit dem Arzt Berthold Lasker im Januar 1894 folgt die
Übersiedlung aus ihrer Geburtsstadt Elberfeld nach Berlin, wo Berthold
Lasker, deutscher Meister im Schachspiel und der Bruder des Schach-

weltmeisters Emanuel Lasker, das Werdersche Gymnasium absolviert und von 1881 bis 1888 an der Berliner Universität Medizin studiert hatte. Danach war er für ein Jahr als Arzt in Elberfeld ansässig, wo er als literarisch Interessierter auch Vorträge hielt und in diesem Zusammenhang Else Lasker-Schüler kennen lernte. Das Paar bewohnt bis etwa 1900 eine große Wohnung im Westen der Stadt, Berlin-Tiergarten, Brückenallee 16, heute Bartningallee, wo sich auch die Arztpraxis befindet, in der sich Lasker als Facharzt für Haut- und Beinkrankheiten niederlässt. Es fehlt auch nicht ein Dienstmädchen: die junge Hedwig Grieger ist aus Elberfeld in diesen Haushalt gefolgt, wo es für die »Frau Doktor« wenig zu tun gibt. Der Ehemann mietet bald ein Atelier in der Nähe, Brückenallee 22, um seiner künstlerisch begabten Frau Raum und Zeit für sich selbst zu geben. Sie nimmt Unterricht bei dem Maler Simon Goldberg, einem Freund ihres Mannes, versucht sich auch in der Fotografie. Bis zur Jahrhundertwende, durch die Abendgesellschaften im Hause Lasker, ergibt sich für die Arztgattin die Bekanntschaft mit Schriftstellern, aus denen Vertrautheiten und enge Freundschaften erwachsen, die existentielle Entscheidungen nach sich ziehen: Da ist zuerst der Freund und Schriftsteller Peter Baum, wie Else Lasker-Schüler in Elberfeld geboren und seit Kindertagen mit ihr bekannt. Er und sein Bruder Hugo bringen sie in Verbindung mit dem Poeten und Weltenbummler Peter Hille, und alle drei wiederum mit der lebensreformerischen Vereinigung »Die Kommenden«, begründet von Ludwig Jakubowski, deren Anhänger sich jeden Donnerstag Abend im »Nollendorf-Casino« in der Kleiststraße zu Lesungen und Gesprächen treffen. Peter Hille, seit seiner Schulzeit mit den Brüdern Heinrich und Julius Hart befreundet, gehört wie diese auch dem um 1888 von Wilhelm Bölsche und Bruno Wille begründeten »Friedrichshagener Dichterkreis« in der Nähe des Müggelsees an, der als lose Verbindung zwischen naturalistischen Schriftstellern begann, wenn sie den damals im nahen Erkner lebenden bedeutendsten naturalistischen Dramatiker Gerhart Hauptmann besuchen, und sich dann in den Häusern von Wilhelm Bölsche und Bruno Wille in Friedrichshagen fortsetzt. Unter ihnen sind auch der damals repräsentativste deutschsprachige Lyriker Richard Dehmel, die Schriftsteller Gustav Landauer und Erich Mühsam sowie der Schriftsteller und Philosoph Rudolf Steiner.

Else Lasker-Schüler fühlt sich besonders zu dem 15 Jahre älteren Peter Hille hingezogen, der seit 1895 in Berlin lebt. Der Schriftsteller und Vagant bekommt von seinem ihm gewogenen Zeitgenossen Hermann Löns die Bezeichnung *Zigeuner der Literatur*, weil er zahlreiche Wanderfahrten unternommen hat, so nach England und Holland, und zeitweise als verschollen gilt. Die Schule, die Presse und das soziale Elend seiner Zeit hält er für die größten Übel. Er liebt das Leben in der freien Natur und natürlich empfindende Menschen, wie er sie besonders unter gesellschaftlichen Außenseitern und Kindern findet. Er verachtet den Warencharakter der Kunst. Dichtung ist ihm Fixierung eines Augenblicks, der aufbewahrt werden muss. Was er in seinem Essay »Eichendorffs Lyrik« formuliert, kann auch für seine Poesie gelten: *Im Anhauch strömt dem Dichter ein Ganzes zu. Klang und Gedanke. Dieser letzte findet im elektrischen Ruck seine einzig poetische Verkörperung. Diesen Moment, diese augenblickliche Vermählung muß man erhaschen, verewigen die Erscheinung. Ist die Glut versprüht, steht der Dichter nüchtern da wie jedes andere Menschenkind.* Hille schreibt auf Zettel, Zigarettenschachteln, Briefumschläge, sammelt sie peinlich genau und hat sie in einem Sack immer bei sich, um bei Gelegenheit vorzutragen. Der groß gewachsene Mann mit dem langen Bart, dem immer gleichen härenen Gewand, dem gütigen, ausgleichenden Wesen, dem bescheidenen Gebaren des Besitzlosen, mit der Freude an allem Sinnlichen und Lebendigen, ist bewandert in vielen Sprachen, Literaturen, vielen Weltreligionen. Er scheint Else Lasker-Schüler von Anfang an an eine Gestalt aus der Bibel zu erinnern. Die Geschichten aus der Bibel gehören zu den elementaren Erlebnissen ihrer Kindheit und bleiben für sie die einzig prägende Bildung. Als Dichterin lebt sie auch später mit ihren Gestalten und misst sich an ihnen. Person und Charisma Hilles festigen sie als lebendige Erfahrung in der Gegenwart. So wird die junge Frau zu seiner Jüngerin. Er ist ihr Freund und Mentor, den sie auf seinen Wanderungen in Berlin und seiner Umgebung begleitet. Er erkennt und ermutigt in ihr die Dichterin, gibt ihr einen Namen: *Tino* oder *Prinzessin*. In seinen Briefen heißt sie auch *Mein lieber hoher Kamerad!* Den Anspruch an ihre Kunst formuliert der Mentor so: *Ja, wir müssen, jeder auf seinem Posten, etwas ganz Ungeheures leisten, sonst hat die Sache keinen Sinn. Ungeheuer ist das Leben, ungeheuer der Tod. Wenn unsere Kunst nicht ungeheuer ist, dann hole sie der Krämer – alias* »Die Woche« *oder das Messer.* Und welch besonderer, seltener Art ihre Beziehung ist, bringt Hille zum Ausdruck, wenn er erklärt: *Tino, ich bin Dein geistiger Liebhaber, mein Geist ist immer mit Dir, schwarze Lorelei Du!* Ihrem konfliktreichen Weg zum Künstlertum gibt er Zuspruch, wenn er hinzufügt: *Aber immer brav sein, nicht krank, hörst Du? Leichengase und Freiwerden der Seele: dieselbe Befreiung: dunkle Wege des hellen Gesetzes.*

Wie Else Lasker-Schüler ihre Konflikte löst, kündigt sich dann im letzten Jahr des ausklingenden Jahrhunderts in zwei parallelen Ereignissen an: Am 24. August 1899 wird ihr Sohn Paul im Neubau der 1882 eröffneten Universitäts-Frauenklinik, Artilleriestraße (heute Tucholskystraße), geboren. Diese damals eher befremdliche Art der Niederkunft deutet auf eine ungewöhnliche Familiensituation hin: Die schwangere Frau wohnt schon seit geraumer Zeit allein in einer Pension. Und wenige Tage vor der Geburt ihres Sohnes erscheinen ihre ersten Gedichte in der renommierten Berliner Zeitschrift »Die Gesellschaft«, herausgegeben von Ludwig Jakubowski, denen schon bald weitere Veröffentlichungen folgen. Seit Anfang November 1899 wohnt die junge Mutter mit ihrem Kind in Charlottenburg, Schlüterstraße 62. Das Dienstmädchen Hedwig Grieger geht mit »Frau Doktor« aus dem Arzthaushalt, nimmt sich eine eigene Wohnung. Sie wird »Herrn Paul« und ihr zur Seite sein, wann immer es nötig ist.

Als die Lebensreformer und Schriftsteller Julius und Heinrich Hart im Jahre 1900 die »Neue Gemeinschaft« gründen, die aus dem »Friedrichshagener Dichterkreis« hervorgeht, sind auch Else Lasker-Schüler und Peter Hille dabei. Die Gemeinschaft ist als gesellschaftliches Experiment angelegt. Sie sollte, so schrieb Julius Hart in seiner Biographie »Peter Hille« nach dessen frühem Tod im Jahre 1904, ein Beitrag sein *zu jenem menschlichen Gemeinschaftssinn, wie es auch Peters Sehnen war.* […] *Wir dachten an ein neues Kloster ohne die Beschränkung der Möncherei, an einen Orden, der nicht irgendeine Einseitigkeit verfolgen, sondern ethisch-religiös-ästhetisch das ganze Leben zu einem Kunstwerk gestalten sollte.* Vorträge, Diskussionen, Lesungen und Gespräche werden in diesem Sinne organisiert, zusammen mit gemeinsamen Festen und Ausflügen in die Natur bilden sie das äußere Gerüst der Gemeinschaft. Man pflegt einen freundschaftlichen Austausch, regt dazu an, seine Talente zu bilden, sich selbst und als Person auch gegenseitig zu fühlen. Man grüßt sich mit dem Losungswort: »In Apoll!« und beschwört damit den griechischen Gott des Lichts, der Heilung, des Frühlings, der sittlichen Reinheit und Mäßigung, aber auch der Künste, wie es schon bei den »Kommenden« üblich war. Man trifft sich zunächst in Gasthäusern und Lokalen, aber im Februar 1901 wird eine 4-Zimmerwohnung mit kleiner Bibliothek und Platz für Versammlungen in der Uhlandstraße 144 bezogen. Doch bald beginnt sich Else Lasker-Schüler von dieser Gemeinschaft zu lösen, enttäuscht von Rivalitäten und Zänkereien, die sie dort erlebt: So im Streit um die Rangfolge beim Lesen eigener Manuskripte mit der Malerin Anna Costenoble, der sie im Affekt mit einer Ohrfeige antwortet, woraufhin es nicht schwer ist, sie als Verrückte auszuschließen. Schon im Mai 1901 schreibt sie an Julius Hart: *Ich habe fast Reue, damals mit Petrus Hille in die Neue Gemeinschaft gekommen zu sein, zumal sich in den letzten Jahren so oft böse Gespenster regten, die mich just als Opfer aus der Menge zu Zwistigkeiten auserwählten.* […], *solche Aufregungen bedeuten für mich stärkere Eindrücke als ich Dir sagen kann – ich bin sofort so tief vereinsamt und hoffnungslos zumal mir dann die Worte fehlen, mich auszudrücken* […] Und sie fügt hinzu, was sie in der Gemeinschaft sucht: … *ich bin eine Liebesnatur – ich möchte einen Kreis bilden – und spielen ohne zu argwöhnen, ohne zu ehrgeizen und zu vernichten das, was schön ist.* Sie schätzt den Sinn der Gemeinschaft, wie ihn Julius Hart vertritt, sieht ihn aber in Gefahr, wenn sie ihm noch erklärt: *Deine ganzen Wünsche sind mir so klar betreffs der Gemeinschaft – sie sind singende Goldströme und es ärgert mich eben, dass Jeder mit den Händen hinein panscht.*

Schon um Peter Hille nahe zu sein, hält sie die Verbindung zur Gemeinschaft aufrecht. Die Brüder Hart pachten im Frühjahr 1902 ein Grundstück am Schlachtensee, Seestraße 33: ein Haus mit 30 Zimmern, Garten und Wald. Sie siedeln sich dort mit einigen Freunden an; für ein paar Jahre nur, als eine Art »Saatausstreuen« gedacht, einen Versuch, eine Probe aufs Exempel. Doch unter den Freunden sind die Besitzlosen in der Überzahl, man wohnt zu niedrigen Mieten, und dadurch kommt es nach einiger Zeit zu materiellen Schwierigkeiten, die die Entwicklung der Gemeinschaft hemmen. Die Vermietung freier Zimmer zu höheren Preisen an Sommergäste bringt kleinliche Zänkereien und Streit, Meinungsverschiedenheiten und Zerwürfnisse unter den Mitgliedern, bis hin zu Austritten, die im Oktober 1904 das endgültige Aus für die Gemeinschaft bringen.

Aber dieses Ende erlebt Peter Hille nicht mehr. 1902 bezieht er ein Mansardenzimmer im Nebengebäude des großen Hauses, Seestraße 35. Am 4. Mai 1902 wird ein Frühlingsfest zur Einweihung gefeiert. Auf einem Foto, das aus diesem Anlass entsteht und 26 Personen zeigt, sind beide zu sehen: Else Lasker-Schüler steht nahe dem linken Bildrand und als einzige Person quer zur übrigen Gesellschaft. Sie zeigt sich im Profil, das lange Haar trägt sie im Nacken verschlungen, der Blick wird vor allem auf ihr mit Spitze verziertes Hängerkleid gelenkt. Hinter ihr, halb verdeckt, ist

Frühlingsfest der »Neuen Gemeinschaft«, 4. Mai 1902

Ida Löscher zu sehen, Inhaberin der ersten Werkstatt für moderne Frauenkleidung, ebenfalls in einem dunklen Hänger, während die anderen Frauen nach der Konvention noch das Korsett für die Schnürtaille tragen. Else Lasker-Schüler schaut zu Peter Hille, der mehr am rechten Bildrand steht, leicht vorgebeugt, wie es große Menschen tun, dem Betrachter zugewandt.

Für ihn, befreit von vielen Sorgen des alltäglichen Lebens, ergibt sich aus seiner Situation in der »Neuen Gemeinschaft« ein Aufschwung seiner Kräfte, die durch ein Lungenleiden schon geschwächt sind. Er arbeitet an neuen Texten, vor allem an seinen Aphorismen-Sammlungen und wird zu einem geistigen Mittelpunkt des Hauses am Schlachtensee. Ende 1902 gründet der Poet sein »Peter-Hille-Cabaret« im »Ristorante Vesuvio« des Italieners Carlo Dalbelli in der Kaiserin-Augusta-Straße, in dem er jeden Montag Abend vor einer wachsenden Schar von Anhängern und Neugierigen aus neuen Manuskripten liest. Neben Schriftstellern wie Richard Dehmel, Erich Mühsam oder Peter Baum bekommt auch Else Lasker-Schüler Gelegenheit zu Lesungen. Es folgt endlich auch eine öffentliche Anerkennung Peter Hilles: Am 29. Juli 1903 veranstaltet die »Literarische Abteilung der Berliner Finkenschaft«, einer studentischen Vereinigung, in Schlachtensee »Waldspiele«, die großen Zuspruch bei den Berlinern finden: etwa 500 Besucher sollen gezählt worden sein. Schauspielschüler bringen Hilles »Hirtenliebe«, eine Dramatisierung biblischer Szenen des Hohenliedes, Szenen aus seinem Drama »Walther von der Vogelweide« und einige Gedichte zur Aufführung, darunter sein bekanntestes, »Brautseele«, gesprochen von Gertrud Seeliger.

Die Zeit mit Peter Hille, die Begegnungen bei den »Kommenden« und in der »Neuen Gemeinschaft« sind auch für Else Lasker-Schüler produktiv: Im Herbst 1901 erscheint ihr erster Gedichtband »Styx« im Axel Juncker Verlag, Berlin. Peter Hille schreibt aus diesem Anlass die erste Rezension, von der Dichterin wie ein Abschlusszertifikat ihrer Lehrjahre geschätzt. Sie setzt den Essay 1917 als Einleitung vor ihre »Gesammelten Gedichte«. Zunächst, seit Anfang 1902, liegt er jedoch monatelang in der Redaktion des »Berliner Tageblatts«, da der Autor zu lebhaft für die Debütantin einzutreten scheint, die in erstaunlich zahlreichen anderen Besprechungen, etwas zurückhaltend meist, zur weniger geschätzten »Frauenlyrik« gezählt wird. Hille holt sich den Text zurück und lässt ihn im März 1904 in Johannes Holzmanns »Kampf. Zeitschrift für gesunden Menschenverstand« veröffentlichen. Er beginnt mit den inzwischen schon sprichwörtlichen Ausrufen: *Else Lasker-Schüler ist die jüdische Dichterin. Von großem Wurf. Was Deborah! Sie hat Schwingen und Fesseln, Jauchzen des Kindes, der seligen Braut fromme Inbrunst, das müde Blut verbannter Jahrtausende und greiser Kränkungen. Mit zierlichbraunen Sandälchen wandert sie in Wüsten, und Stürme stäuben ihre kindlichen Nippsachen ab, ganz behutsam, ohne auch nur ein Puppenschühchen hinabzuwerfen. Ihr Dichtgeist ist schwarzer Diamant, der in ihrer Stirn schneidet und wehetut. Sehr wehe. Der schwarze Schwan Israels, eine Sappho, der die Welt entzwei gegangen ist.*

Im März 1904, als der Essay erscheint, feiert Hille seinen fünfzigsten Abend im »Vesuvio«, wo die Gäste Schlange stehen. Es ist einer seiner letzten Cabaret-Abende, denn ein Lungenemphysem untergräbt seine Gesundheit. Er stirbt am 7. Mai 1904 im Krankenhaus Berlin-Lichterfelde, ein paar Monate vor seinem 50. Geburtstag und wird zwei Tage später auf dem Matthias-Kirchhof in Berlin-Marienhöhe beigesetzt. Am 15. Mai finden im Haus der »Neuen Gemeinschaft« in Schlachtensee eine Totenfeier und am 26. Mai im Berliner Architektenhaus in der Wilhelmstraße 92/93, 1875 vom Architekten-Verein zu Berlin erworben, eine Gedenkfeier für Peter Hille statt, an deren Vorbereitung auch Else Lasker-Schüler mitwirkt. Sie widmet ihren Wanderungen, Erlebnissen und Gesprächen mit Peter Hille dann das »Peter-Hille-Buch«, in dem sie den Personen um ihn Namen gibt, die ihr Wesen bezeichnen sollen: so ist Peter Baum »Antinous«, Georg Levin »Goldwarth«, aber Peter Hille wird zum Propheten »St. Petrus« erhöht. Im Herbst 1904 bei Erscheinen ihres Gedichtbandes, »Der siebente Tag«, angekündigt, kommt das Buch erst 1906 heraus, wiederum bei Axel Juncker. Mit ihm befestigt die Dichterin ihre eigene Existenz: *Es wird die Grundlage meines Lebens sein, die Centrale, die ich mir selbst aufbaue, der Glaube, dass ich nötig im Leben war*, schreibt sie während der Arbeit an den Freund Salomo Friedländer, der sich als Schriftsteller Mynona nennt. Immer wieder wird sie Peter Hille und dieses Buch zur Selbstvergewisserung aufrufen, es zu verbreiten helfen, daraus vorlesen, zur Übersetzung anbieten. Es ist ihre *Spielbibel*, wie sie 1913 an den Literaturhistoriker Richard Moritz Meyer schreibt, der mit seiner Frau Estella in seinem Stadtpalais in der Voßstraße in Berlin einen literarischen Salon führt, zu dem er die Dichterin eingeladen hat.

2 In der »Neuen Gemeinschaft« hat Else Lasker-Schüler auch den jungen Komponisten Georg Levin kennen gelernt. 1901 gründen sie zusammen mit Hille ein »Teloplasmatisches Cabaret«, das jedoch im Künstlerhaus Bellevuestraße in Berlin-Tiergarten nur zwei Abende gestalten kann: einen »tragischen« am 27. September und einen »erotischen« am 31. Oktober. Das Programm des letzteren ist bis in die Polizeizensurstelle gelangt, weckt aber ganz falsche Vorstellungen: Beide Abende finden beim Publikum wenig Anklang, das Cabaret wird nicht weiter geführt. Georg Levin, durch Else Lasker-Schüler über »Goldwarth« in Herwarth Walden verwandelt, verliebt sich während ihrer Zeit mit Peter Hille in die Dichterin, besonders begeistern ihn ihre Dichtungen. Nun betreibt sie die Scheidung von Berthold Lasker, mit dem sie zwischenzeitlich wieder in einer gemeinsamen Wohnung in der Wielandstraße 3 und in der Uhlandstraße 173-174 gelebt hatte. Da sie dem Gericht glaubhaft versichern kann, dass er nicht der Vater ihres Sohnes Paul ist, wird ihrem Antrag am 11. April 1903 statt gegeben, obwohl Lasker Paul als seinen Sohn anerkannt hatte. Im September 1903 zieht die Mutter mit Paul in die Ludwigkirchstraße 1. Am 30. November des gleichen Jahres heiratet sie Herwarth Walden und seit Oktober 1905 leben sie in der Ludwigkirchstraße 12, für kurze Zeit auch in der Spichernstraße 19. Seit August 1908 leben sie in einer Wohnung in Halensee, Katharinenstraße 5, Gartenhaus, hochparterre.

1903 hat Herwarth Walden den »Verein für Kunst« gegründet, in dem in den folgenden Jahren Else Lasker-Schüler neben Schriftstellern wie Heinrich und Thomas Mann, Frank Wedekind, Rainer Maria Rilke, Richard

Dehmel und Alfred Döblin zum ersten Mal Gelegenheit zu öffentlichen Lesungen erhält. 1909 kommen im »Neuen Klub« und dessen Lesebühne, dem »Neopathetischen Cabaret«, seit 1911 im literarischen Cabaret »Gnu«, alle gegründet von Kurt Hiller, schon Dichter einer nächsten Generation zu Wort: unter ihnen Jakob van Hoddis, Ernst Blass, Georg Heym, die Wegbereiter des literarischen Expressionismus. Diese jungen Dichter haben nicht das Bedürfnis, ihre Individualität außerhalb ihrer Stadt zu suchen, vielmehr wird die Stadt, die Großstadt, wird Berlin ihr bevorzugter Erlebnisraum, in dem sich ihr Menschsein entfaltet oder daran scheitert. Man trifft sich nicht in dafür vorgesehenen Veranstaltungssälen, man trifft sich zum Beispiel im Café Kutschera am Kurfürstendamm 208-9, um einem eher kleinen Publikum vorzulesen: Aufrufe, Polemiken, vor allem aber Gedichte, nicht um der Belustigung willen, sondern als Abenteuer des Geistes. Man will, so Ernst Blass bei der Eröffnung des »Gnu«, mitarbeiten *an der Bildung eines Lebens und einer Kunst für aufrichtige Menschenseelen, an der Auffindung einiger haltbarer Grundpunkte, von denen aus ein Steigen der Glückschancen für Menschen zu berechnen und zu realisieren ist.* Neben den neuen Dichtern ist auch immer Else Lasker-Schüler unter den Enthusiasten, als einzige Frau und eigentlich aus der vorhergehenden Generation. Als Herwarth Walden 1910 dann mit Unterstützung von Karl Kraus und nach dessen Vorbild als Herausgeber seiner Wiener Zeitschrift »Die Fackel« eine eigene Zeitschrift ins Leben ruft, genannt »Der Sturm«, macht er die Wochenschrift bewusst zum Publikationsorgan der neuen Dichter-Generation. Es öffnet sie auch für die avantgardistischen Strömungen in der Bildenden Kunst, neben den deutschen auch den internationalen Tendenzen, aus Paris, Wien und Moskau, Italien, Holland, den nordischen Ländern. Walden regt Kraus dazu an, seine Beiträge in der »Fackel« noch durch Vorlesungen publik zu machen. Im Januar 1910 beginnt er mit drei Vorträgen im »Verein für Kunst« und kann die Reihe in Berlin bis 1932 bei großem Zuspruch fortsetzen. Auch hier ist Else Lasker-Schüler dabei, und Karl Kraus wird, ähnlich wie Peter Hille es war, zu ihrem enthusiastischen Befürworter und Freund: Er veröffentlicht in seiner Zeitschrift zwischen 1909 und 1911 einige ihrer Gedichte und Prosatexte. Von seinen Kommentaren wird der zum Gedicht »Ein alter Tibetteppich« in der »Fackel« vom 31. Dezember 1910 berühmt: Darin nennt er die Dichterin *die stärkste und unwegsamste lyrische Erscheinung des modernen Deutschland.*

Der Kreis, in dessen Mittelpunkt das Paar Lasker-Schüler-Walden steht, erweitert sich, zieht Schriftsteller aus Prag an, wie Max Brod, Paul Leppin und Franz Werfel, aus Österreich neben Karl Kraus auch Georg Trakl. Sie alle halten sich in Berlin bei Treffpunkten mit Künstlerfreunden mehr an öffentlichen Orten auf als an privaten. Walden macht die Wohnung in Halensee zur Redaktionsstube für den »Sturm«, schafft auch noch Platz für eine Filiale der »Fackel« in Berlin. Es ist die Zeit, in der mit und neben der Zeitschrift »Der Sturm« auch andere Publikationsorgane ins Leben gerufen werden: so, als stärkste Konkurrenz, »Die Aktion« von Franz Pfemfert, der »Pan« von Paul Cassirer und Alfred Kerr, »Das neue Pathos« von Hans Ehrenbaum-Degele, »Die weißen Blätter«, »Saturn«… Es ist die Zeit, in der nicht nur neue literarische Texte veröffentlicht werden, sondern auch jede Chance genutzt wird, um publizistische Kämpfe auszutragen, untereinander, um den künstlerisch gelungenen Text, die treffendste Pointe, aber am liebsten mit Personen der wilhelminischen Staatsmacht. Gelegenheit dazu ergibt sich zum Beispiel, als Alfred Kerr, bekanntester und gefürchteter Kritiker der Zeit, erkennt, dass er die Position des Herrn Polizeipräsidenten und obersten Zensors von Berlin, Traugott Jagow, ins Wanken bringen kann. Dabei wird nebenher auch zwischen Alfred Kerr und Karl Kraus in den Zeitschriften »Pan« und »Die Fackel« um die Kultur des Kulturkampfes eine Kontroverse ausgetragen, in der Else Lasker-Schüler begeistert zwischen den kriegerisch entflammten Positionen hin und her schwankt.

Was war geschehen? Traugott Jagow, Polizeipräsident von Berlin, hatte Anstoß an der Veröffentlichung von Auszügen aus Gustave Flauberts Tagebuch genommen, wie sie 1911 zum ersten Mal in deutscher Sprache im »Pan« erschienen waren. Er verklagte die Schriftleitung wegen Verbreitung unzüchtiger Schriften. Es wurde ein Prozess angestrengt, der üble Folgen für die Zeitschrift haben konnte. Zur gleichen Zeit inszeniert Max Reinhardt am Deutschen Theater Carl Sternheims Stück »Die Hose«, in dem eine junge hübsche Frau mitten in ihrer Stadt aus Missgeschick ihre Hose verliert und mit ihrer Scham darüber einen jungen Mann bezaubert, wofür sie der Gatte dann mit Vorwürfen überhäuft. Die Zensur hatte schon gefordert, den Titel des Stücks zu ändern, es hieß nun »Der Riese«. Aber nicht genug, der Polizeipräsident will sich selbst davon überzeugen, dass es keine anstößigen Stellen in der Aufführung gibt. Eine Generalprobe wird angesetzt, mit Kostüm und Maske, und die bekannte Schauspielerin Tilla Durieux bekommt von Max Reinhardt den Auftrag, Herrn Jagow an den gefährlichen Klippen der Inszenierung abzulenken. Sie setzt sich neben ihn in den Zuschauerraum und tut, was gewünscht war. Mit Erfolg, denn das Stück darf ohne Änderungen gespielt werden. Am Abend desselben Tages bekommt Tilla Durieux aus dem Theater einen Brief gebracht, der eben dort für sie angekommen war. Darin schreibt der Polizeipräsident, dass er, um Theaterzensur ausführen zu können, auch gern persönliche Fühlung mit Schauspielerkreisen hätte und es wäre ihm eine Freude, das Gespräch mit ihr fortzusetzen. Dazu nennt er den Sonntag und eine Uhrzeit für einen Besuch bei ihr und bittet um Antwort, an seine private Adresse.

Ihr Ehemann Paul Cassirer, der an diesem Abend eine Gesellschaft gibt, zu der auch Alfred Kerr geladen war, lässt Herrn Jagow zunächst wissen, dass er eine solche Beleidigung seiner Frau nicht hinnehme, woraufhin dieser sich durch einen Rittmeister sofort entschuldigen lässt. Paul Cassirer macht den Brief trotzdem öffentlich, und wie ein Lauffeuer geht die Geschichte durch Berlin. Kerr ergreift die Gelegenheit, die Polizeigewalt in der Stadt angreifen zu können und veröffentlicht eine scharfe Satire auf die Angelegenheit im »Pan«, wobei Person und Name des Präsidenten nicht verschwiegen werden. Nun ergeht sich die Presse im Fall Jagow und Kerr, aber das schmähende Gelächter trifft auch Tilla Durieux, wenn in Witzblättern kleine Gedichte auf sie erscheinen oder die Zeitungsjungen »Traugott und Tilla!!« ausrufen: Schon aus dem Grunde lehnt Karl Kraus das Kerrsche Manöver ab und gibt es in seiner »Fackel« mit stilsicher beißender Begründung bekannt. Else Lasker-Schüler veröffentlicht in der »Aktion« ein Gedicht, eine Hymne auf Alfred Kerr, schwört aber Karl Kraus in einem Brief, *wenn es zum ernsten Krieg kommen sollte*, ganz auf seine Seite zu treten. Am Ende gewinnt der »Pan« seinen Prozess wegen Flaubert, und Jagow wird nach Breslau versetzt…

Es ist auch die Zeit, in dem das Café des Westens am Kurfürstendamm im reichen Zentrum Berlins zu seinem Ruhm kommt: Hier hat die Avantgarde ihre Stammplätze, vom bürgerlichen Publikum abschätzig »Bohéme« genannt, hier entstehen Freundschaften und Feindschaften, werden Ideen geboren und wieder verworfen, Verträge ausgehandelt, geschlossen oder gelöst. Auch die Idee für die Zeitschrift »Der Sturm« kommt hier zur Welt. Sie soll zuerst »Die Stadt« heißen, dann aber setzt sich der von Else Lasker-Schüler stammende Vorschlag durch. Mit dem Einsatz ihrer ganzen Person wird sie zur Mentorin, zur Beförderin der neuen Dichtergeneration, zieht sie in ihren Kreis, schreibt ihnen Briefe, lädt sie zu sich oder nach Berlin ein, lässt das Gespräch mit ihnen nicht abreißen. Sie greift deren Themen und Motive auf, aber nicht für eigene Dichtungen – so gibt es kein expressionistisches Großstadtgedicht von Else Lasker-Schüler –, sondern nur, um ihnen zu huldigen, sie zu propagieren, auf ihre Texte, ihre Person aufmerksam zu machen.

Es ist ihre produktivste Zeit, in der mit der neuen Dichtergeneration auch die Stadt Berlin in ihrer kulturellen Vielfalt ihre Aufmerksamkeit findet. Seit 1910 veröffentlicht sie in jeder Nummer des »Sturm« und in vielen anderen Zeitungen und Zeitschriften neue Texte. Neben Gedichten sind es Porträts in Vers und Prosa oder Essays, in denen Erlebnisse mit Personen und Begebenheiten der Kunstszene zum publizistischen Ereignis werden. Leistung und Besonderheit der Porträtierten sind präzise im Detail erfasst, aber auch mit ihrer persönlichen Ansicht versehen. So entsteht Nähe zum Gegenstand ihrer Betrachtung, die mit Humor gewürzt oder mit Ironie und Selbstironie gedämpft wird. Diese kurzen, dichten Texte geraten auch zu autobiografischen Facetten, zu Zeugen ihrer Welt- und Kunstauffassung, ihres reichen Beziehungsgefüges innerhalb der Stadt. Neben Dichtern wie Peter Baum, Gottfried Benn, Theodor Däubler, Hans Ehrenbaum-Degele, Albert Ehrenstein, Johannes Holzmann, Georg Trakl, Franz Werfel oder Paul Zech zählt Else Lasker-Schüler auch bildende Künstler wie Oskar Kokoschka und Franz Marc, die Fotografin Marie Böhm, die Opernsängerin und Schriftstellerin Emmy Destinn, die Schauspielerin Tilla Durieux, den Sexualforscher Magnus Hirschfeld, den Opernsänger Julius Lieban, den Kritiker und Essayisten Samuel Lublinski, dann auch Institutionen wie den Zirkus Busch, die Odenwaldschule oder das Haus für Mutterschutz zur kulturellen Substanz. Manche von den Dichtern ehren auch die Dichterin öffentlich mit Gedichten, so Peter Baum, Johannes Holzmann, Georg Trakl oder Paul Zech, der expressionistische Maler Karl Schmidt-Rottluff portraitiert sie 1912… Einer widmet ihr alle seine neuesten Gedichte: Gottfried Benn. Sein zweiter Gedichtband »Söhne« erscheint im Oktober 1913 mit einer gedruckten Widmung für Else Lasker-Schüler im Berliner Verlag Alfred Richard Meyer. Dem Ereignis ist die Publikation einer Reihe von Gedichten Else Lasker-Schülers in Zeitschriften wie »Die Aktion« und »Das neue Pathos« vorausgegangen, die Gottfried Benn als »Giselheer« galten und in ihrer spielerischen Ekstase und originären, eben erfundenen Form eine große Herausforderung für einen jungen Dichter bedeutet haben mussten. Benn reagierte in verschiedenen Abschnitten seines Zyklus »Alaska« ebenfalls mit Gedichten auf die beeindruckende Begegnung mit Else Lasker-Schüler und veröffentlichte sie 1913 in der Zeitschrift »Die Aktion«. Das Gedicht »Hier ist kein Trost« in Benns der Dichterin gewidmetem Gedichtband »Söhne« führt bewusst ein Ende seiner Faszination herbei. Ob Else Lasker-Schüler darauf ihr »Letztes Lied an Giselheer« schrieb, das ein Motiv aus Benns Gedicht aufnimmt, womit jetzt erst ein Dialog hätte eröffnet werden können, oder ob Benn auf dieses Lied hin den Dialog ausgeschlagen hat – in welcher Reihenfolge die getrennt veröffentlichten Gedichte Teil eines wirklichen Austauschs innerhalb einer wirklichen Liebesbeziehung waren, das wird ewig ein Geheimnis der beiden ebenbürtigen Dichter sein. Über ihre Zeit hinaus bleiben die Gedichte das erste lyrische Duett zwischen Mann und Frau in der deutschsprachigen Lyrik. Ermöglicht wurde es in der anregenden und kunstfreundlichen Atmosphäre um Else Lasker-Schüler im Jahre 1913. Sie bringt allerdings auch Irritationen mit sich, Geschwätz, Gerüchte und Verleumdungen. An einem Tisch im Café des Westens wird so eines Nachts auch geäußert, sie locke die jungen Dichter bloß in ihr Schlafzimmer, sie könne auch dichterisch nichts, und es sei unerklärlich, warum Karl Kraus für sie Partei ergriffen habe... Am Tisch sitzt auch Wieland Herzfelde, der jüngste unter den Dichtern, und er fordert den Verleumder Kurt Hiller heraus, ohrfeigt ihn zweimal, *öffentlich im Café d. W.,* wie Else Lasker-Schüler Karl Kraus berichtet. Wieder einmal sieht sie sich in einer Lage, die ihr zutiefst widerstrebt, aber diesmal werden die Ohrfeigen nicht von ihr, sondern für sie ausgeteilt: *Ich wollte nie Zwist säen zwischen Menschen, die das Gleiche tun, wie ich, die also dichten, aber sie tun ja gar nicht das Gleiche, das ist ja gar nicht wahr,* klagt sie weiter. *Ich bin so allein hier in Berlin, auch im Café des Westens, manchmal nur kommt so etwas wie Concert zu Stande; vier, die zusammen am Tisch sitzen und doch fortfliegen irgend wohin in die Welt.*

Allein ist die Dichterin jetzt, 1916, weil viele ihrer Freunde im Krieg sind: Peter Baum, Gottfried Benn, Hans Ehrenbaum-Degele, Albert Ehrenstein, Franz Marc, Georg Trakl, Franz Werfel, Paul Zech... Ihren Mann Herwarth Walden hat sie schon 1912 endgültig verloren. Als er 1911 mit seinem Freund Kurt Neimann eine mehrmonatige Reise nach Norwegen unternimmt, bietet sie ihm ein Spiel an: Sie schreibt Briefe an ihn und seinen Freund, die in Fortsetzungen im »Sturm« erscheinen sollen. Darin erzählt sie, erstmals voller Ironie, Geschichten vom Leben der Berliner Kunstszene, aus dem Café des Westens, nennt authentische Personen, darunter ihre Freunde Peter Baum und Paul Zech, streut Porträt-zeichnungen ein. Zuschriften an die Verfasserin werden eingeblendet, die zeigen, dass die »Briefe nach Norwegen« in Fortsetzungen gelesen und gelegentlich kritisiert werden. Darauf erfolgt Antwort in der nächsten Brieffolge, zum Beispiel an jemanden, der unter keinen Umständen wei-terhin in diesen Briefen erwähnt werden will, wie Karl Kraus… Dazwi-schen werden Lebens- und Kunstprobleme verhandelt, stehen ernsthafte Botschaften an Herwarth, auch wenn sie heiter klingen, wie diese: *Ich bin so allein; wäre ich wenigstens einsam, dann könnte ich davon dichten. Ich bin die letzte Nuance von Verlassenheit, es kommt nichts mehr danach. Wenn mir doch jemand was Süßes sagte! Wäre ich doch eine Biene und könnte mir Honig ma-chen! Was nützen mir Deine lieben Briefe und Postkarten! Ich kenn Dich und Du kennst mich, wir können uns nicht mehr überraschen, und ich kann nur leben von Wundern. Denk Dir ein Wunder aus, bitte!* Ein Wunder bringt Herwarth Walden von seiner Reise nicht mit, aber die Schwedin Nell Rosalund, *eine blödsinnige Lockenundame* [sic!…] *mit langen, bangen Perlengehängen in den* [Ohren], wie Else Lasker-Schüler Richard Dehmel mitteilt. Als noch im Herbst 1912 die zusammengefassten Briefe unter dem Titel »Mein Herz. Ein Liebesroman mit Bildern und wirklich lebenden Menschen« veröf-fentlicht werden und bis zum Ende des Jahres zwei weitere Auflagen errei-chen, hat die Dichterin zwar eine neue, formlose Kunstform höchster Ge-genwärtigkeit geschaffen, Tabus gebrochen: Privates öffentlich gemacht, Leben und Kunst unentwirrbar miteinander vermischt, was die Begei-sterung ihres Mannes hervorruft, aber seinen Abfall von ihr nicht abwen-det. Die Scheidung wird am 1. November 1912 ausgesprochen. *Herwarth beging Fahnenflucht nicht Ehebruch. Ich bin Krieger – bin nie verheiratet aber stand im Heer zu zweit,* schreibt Else Lasker-Schüler an Karl Kraus.

3 Aber dieses Ereignis ist nur die Konsequenz aus einer Entwicklung, die im siebenten Jahr der Ehe zwischen Else Lasker-Schüler und Herwarth Walden begann und die Dichterin zu einer äußeren und inneren Ver-wandlung veranlasste, die sie zur angestaunten, begehrten Kunstfigur und gleichzeitig zur belächelten Berlinerin werden ließ: Anfang 1910, be-vor Waldens Zeitschriften-Projekt Gestalt anzunehmen begann, meldete sie Bedenken an, weil sie der Überzeugung war, dass ihr Mann ein Kom-ponist sei und dieses Talent pflegen und ausbauen müsse. Zu diesem Zeit-punkt war Walden, der in Florenz Musik studiert, das Berliner Konservatorium absolviert, ein Liszt-Stipendium für hervorragendes Klavierspiel bekommen und schon Konzerte und Unterricht gegeben hatte, als Redakteur verschiedener literarischer oder Theater-Zeitschriften gescheitert oder entlassen worden, weil er avantgardistischen Autoren den Vorzug gab. Dabei hatte er seine Freude am Schreiben, seine Lust an der Polemik, an der Förderung künstlerischer Talente, an der Organisation einer Zeitschrift entdeckt. Musikalische Erfolge dagegen, wenn es überhaupt welche gab, waren für ihn ohne diesen Effekt. Er hatte eine Oper und eine Musik-Pantomime komponiert, die wenig beachtet worden waren. Seine »Zehn Dafnis-Lieder« nach Texten von Arno Holz, seine Vertonungen von Gedichten von Richard Dehmel, Goethe, Else Lasker-Schüler oder aus »Des Knaben Wunderhorn« wurden gelegentlich in Konzerten dargeboten, vor allem von Julius Lieban. Auch an den Abenden der literarischen Cabarets waren Kompositionen von Herwarth Walden zu hören.

Else Lasker-Schüler setzt sich für ihren zehn Jahre jüngeren Mann genauso ein wie für die jungen Dichter des Expressionismus, schreibt heimlich werbende Briefe an Musikkritiker oder den Professor für Musikgeschichte an der königlichen Hochschule für Musik in Berlin, Karl Krebs, der Waldens 1904 bis 1908 erschienenen Opernführer rezensiert hatte. Vor allem hofft sie auf die Unterstützung von Karl Kraus, berichtet ihm von jedem Konzert, das Waldens Kompositionen gilt. Im März 1910 erfährt sie von einer Affäre Waldens, was sie tief verletzt und verunsichert, und es ist jetzt zweifelhafter denn je, ob sie Walden als ihren Mitstreiter an ihrer Seite halten, ob sein eigenständiges Unternehmen ihre finanzielle Situation verbessern würde, was dringend nötig war, denn ihr Sohn Paul sollte nun bald etwas lernen. Bisher war er von der Mutter, von Herwarth Walden, von Freunden des Hauses, von dafür streng ausgesuchten größeren Schulmädchen betreut und unterrichtet worden, um ihn vor dem wilhelminischen Schulsystem zu schützen. Jetzt ist er zehn Jahre alt und braucht neben der Förderung seiner außerordentlichen Begabung als Zeichner durch die Mutter Bildung und Vorbereitung auf das Leben außerhalb des mütterlichen Kreises. Dafür kam nur eine moderne Schule der Reformpädagogik auf dem Lande infrage, die sich gegen den vorherrschenden autoritären Stil der Pauk- und Drillschule stellte und die Selbsttätigkeit der Schüler in den Mittelpunkt rückte. Auch wenn das regelmäßig viel Geld kosten würde, es gab keinen anderen Weg für Paul, für dessen Talent sich Else Lasker-Schüler ebenfalls verantwortlich fühlte. So kommt sie auf die

Idee, einige ihrer arabischen Geschichten aus dem Band »Die Nächte der Tino von Bagdad«, 1907 bei Axel Juncker erschienen, in Szene zu setzen. »Prinzessin« und »Tino« waren die Namen, die Peter Hille der Dichterin gegeben hatte. Die Geschichten dazu sind der Entwurf von Orten und Personen ihrer inneren Landschaft. Schon mit Peter Hille gab es dazu einen Austausch: während er Indien für seine Seelenlandschaft erklärte, war es für Else Lasker-Schüler Ägypten. In den Geschichten wird diese Ebene ihrer dichterischen Existenz erprobt und ausgeschmückt. Orte, Paläste und Gärten haben keine wirkliche Gestalt, sie können sich in Bagdad, Konstantinopel und Theben, Ägypten, Marokko oder Afghanistan befinden. Figuren gehören der arabischen, muslimischen Welt an, sind namenlose Fakire, Khediven, Derwische, Haremsdamen. Unter ihnen ereignen sich blutige Kämpfe und Freudenfeste. Man möchte glauben, die Geschichten sind Scheherazades Fortsetzungen aus Tausend-und-einer-Nacht. Dass sie aus Gegenwärtigem kommen und autobiographische Hintergründe haben, zeigt sich zum einen in der modernen Erzählhaltung: Tino ist zwar mit ihrer Umgebung vertraut, aber auch fremd in ihr. Sie erzählt in einer Welt aus Kulissen und wird selbst Gegenstand der Erzählung. Sie erzählt nicht aus Angst vor dem physischen Tod wie Scheherazade, sie hat das Geschehen als Dichterin voll in der Hand. Doch fürchtet sie den Tod – anders: als den der erotischen Substanz des Lebens und den der Dichtkunst. Gegenwärtigkeit entsteht auch durch den Kontext zu sechs Liebes-Gedichten Else Lasker-Schülers, die in die Erstausgabe der Geschichten aufgenommen werden. Schließlich finden sich in den Geschichten auch unvermittelt skurrile Episoden aus dem modernen »Abendland«, in denen sogar einmal Berlin eine Rolle spielt, wie in der Geschichte von »Mehmed, dem Sohn der Liljame«: In der Zeitung (!) wird da berichtet, dass »in der Kaiserstadt der Deutschen« gerade ein Riesenelefant aus Ostindien weile, der zwei Kessel Wasser ausschlürfen müsse, um seinen Durst zu stillen. Die Gasanstalt der Hauptstadt habe die Kessel dem hohen Gaste zur Verfügung gestellt, und nun sei »der Westen ohne Beleuchtung«…

Else Lasker-Schüler stellt sich vor, mit der Lesung und Inszenierung einiger ihrer arabischen Szenen als Varieté-Projekt auf Tournee zu gehen, außerhalb Berlins, nach Brüssel, London, München und Wien, und so viel Geld zu verdienen, dass es für Pauls Ausbildung und für ihr Leben mit dem Komponisten Herwarth Walden reicht. Sie konsultiert Wissenschaftler an der Universität, lässt zwei Geschichten ins Arabische übersetzen, sucht nach englisch und französisch sprechenden Dolmetschern, engagiert eine Tänzerin, einen Dekorateur, sucht nach einer Schauspielerin... Sie selbst will die arabische oder syrische Dichterin spielen, kostümiert sich zur »Prinzessin Tino von Bagdad«, im schwarzen Seidenkleid mit roter Schleife, mit Westen von Gold und Perlen auf schwarz und aus grünem Samt. Kerzen sollen ihr zur Seite stehen. Für ein Werbe-Foto lässt sie sich beraten, im Fotoatelier Becker & Maaß, damals das bekannteste kunstfotografische Institut in Berlin. *Ich habe mir schon mein Haar so richtig dafür schneiden lassen*, schreibt sie im März 1910 an Jethro Bithell, den ersten Übersetzer ihrer Gedichts ins Englische, und bittet ihn, in London nach Auftrittsmöglichkeiten Ausschau zu halten. Auch anderen, ihr völlig fremden Personen, teilt sie unvermittelt ganz persönliche Dinge im Zusammenhang mit ihrem Projekt mit, die auch ihre Angst dabei deutlich machen. So schreibt sie im Juli 1910 an den Kunsthistoriker Fritz Stahl, dem sie die von dem Kunsthändler Paul Cassirer organisierte erste Oskar-Kokoschka-Ausstellung in dessen Galerie in der Viktoriastraße 35 empfiehlt: *Ich gehe bald fort von Berlin, mein Glück suchen. Ich nehme ein Engagement an (rein aus mater[iellen] Gründen) in der orient[alischen] Ausstellung in Brüssel [....]. Ich möchte es von der Kunst nun zum Kunststück bringen – aber ich bin sehr traurig.* Ende August

1910 schickt sie ein Foto an Paul Zech: *Mein Bild als arabische Dichterin*, teilt sie kurz mit, und mitten in einer Anderes betreffenden Mitteilung spricht sie sich für ihr Projekt unter Berufung auf ihren großen Mentor Mut zu: *Paul Zech, meine Rolle ist fabelhaft, ich habe sie ja selbst geschrieben – St. Peter Hille wäre begeistert gewesen, er hätte Hagel regnen lassen vor Sturmfreude.* Das »Bild als arabische Dichterin« zeigt Else Lasker-Schüler im Profil wie das von der »Neuen Gemeinschaft«, nur schaut sie jetzt nach links. Das kurz geschnittene Haar, das nur knapp über die Ohren reicht und wegen seiner Dichte breit absteht, ähnelt tatsächlich der ägyptischen Haar-

Else Lasker-Schüler, 1910

tracht. Mit beiden Händen führt sie eine stilechte Flöte am Munde mit. Ihr Kostüm besteht aus Seidenhose und -jacke, aus einem Silbergürtel mit kleinem Dolch, kurzen Stiefeln mit Silberstickerei und kleinem Absatz, mit roten Schnäbeln und Steinbesatz, wie sie Zech begeistert schildert. Es ist das berühmteste Foto der Dichterin, inszeniert und entstanden zur Werbung für das Projekt einer arabischen Szene im Varieté. Die Dichterin bringt es damit bis zu Proben, wofür einmal sogar die Kammerspiele des Deutschen Theaters zur Verfügung gestellt werden. Ein paar Aufführungen, im privaten Kreis, finden statt, die sich finanziell lohnen, aber das ganz große, internationale Ereignis bleibt aus. Bis 1912 wirbt sie immer wieder für ihre Idee, bis dahin kann sie immer weniger hoffen, vor allem Herwarth Walden für das Projekt zu gewinnen, ihn als Gefährten nicht zu verlieren.

Ihre Briefe unterschreibt sie jetzt abwechselnd mit »Prinzessin Tino aus Bagdad« oder »Tino aus Theben«, einmal nennt sie sich nach ihrem Bildnis auf dem Foto einen »boy«, aber es braucht Zeit, bis sie den »Prinzen von Theben« geschaffen und verinnerlicht hat. Es ist kein unpersönlicher Prinz nach dem Vorbild der Prinzessin Tino. Sein Vorname ist Joseph, und gemeint ist die biblische Gestalt aus dem Alten Testament, der Träumer und Traumdeuter, zu großen Ehren gekommen am Hofe des Pharao. Seit Kindertagen identifiziert sich die Dichterin besonders mit dieser Gestalt, dort vergewissert sie sich jetzt ihrer selbst. Diese Ebene ist kostbare Grundierung der Figur, verweist auf ihr Verwurzeltsein im Ursprung des Judentums und wird sparsam verwendet.

Aus der gleichen Quelle entstehen die »Hebräischen Balladen«. *Dear boy*, schreibt Else Lasker-Schüler im März 1910 an Jethro Bithell, *ich habe wieder viel, viel gedichtet, wie findest Du meine Bibelgedichte? Weißt Du der David bin ich und auch der Joseph. Und der Pharao ist mir unbekannt, aber er liegt in meinem Blut, aber Jonathan war ein Student, der abgereist ist und der war genau so, wie ich schrieb. Wir liebten uns wie Brüder wie Knaben, wir schwärmten füreinander; fein ist nur die grandiose Askese: Sie sind mir alle zu gemein in Berlin, ich habe seitdem ich Dir zuletzt geschrieben habe, nur Kämpfe gefochten.* Aber bei Lesungen ist sie nun mit allen notwendigen äußeren Attributen für friedliche Spiele ausgestattet: »Jussuf«, arabische Variante von Joseph, wird zum Spielnamen des Prinzen. Theben ist durch Jussuf festgelegt: es ist das ägyptische Theben, der Seelenlandschaft der Dichterin verbunden, aber kein wirklicher Ort. Sie trägt Prinzenkostüme, von ihr *Feierkleider* genannt, wie sie auch der biblische Joseph kannte und seinen Brüdern mitgegeben hatte, als er ihnen auftrug, während der Hungersnot den Vater und alle Verwandten aus Kanaan nach Ägypten zu holen. Schon 1909, noch als »Prinzessin Tino«, erwähnt die Dichterin so ein *Feierkleid,* wenn sie an Jethro Bithell schreibt: *... ich komme nach London – ich bin hingerissen von London – im Feierkleid – ich habe eine echt goldene Jacke von einer griechischen Prinzessin geschenkt bekommen und ein Armband von einer dichtenden Königin mit Köpfen aus Amethyst aus ganz liladunklem Amethyst, das trage ich um mein Fußgelenk. Und mein Kleid ist aus matter, schwarzer Seide.* Im gleichen Brief kündigt sie ihm für den Januar 1910 ihr *Bild als arabischer Prinz* an. Beiden erwähnten Spenderinnen, Prinzessin Helle von Loutzow und die Fürstin Pauline zu Wied, begeisterte Leserinnen ihrer arabischen Geschichten um Prinzessin Tino, bittet sie Jethro Bithell, Exemplare ihrer englisch übertragenen Gedichte zu schicken. Von der Fürstin bekommt sie zwei Jahre später noch einmal *anständige Kleider und Jacke,* die sie ihr bei einem Besuch in Berlin machen lässt. Die Fürstin lädt sie auch zu Lesungen ein und unterstützt sie mit einer Sammlung. In den zwanziger Jahren spendet Max Reinhardt eine Prinzenausstattung, und ein ganz neues *Feierkleid* fand sich noch – im Nachlass der Dichterin...

Sie übt sich in Schellenklang und Flötenspiel, eine Visitenkarte sorgt für die Verbreitung ihrer Spielidee. Briefe werden reich ausgestattet: mit dem Konterfei des Prinzen, mit Mond und Sternen – die Zeichen der arabischen Welt – als Satzzeichen oder Stempel. Manche ihrer Bücher schmückt die Dichterin nun mit Figuren und Szenen aus ihrer Stadt Theben, die immer prachtvoller mit Buntstiften und Kreiden koloriert und später auch als einzelne Zeichnungen auf Bestellung angefertigt und verkauft werden, um das tägliche Leben finanzieren zu können. Höhepunkte dieser Arbeit sind zwei besonders wertvolle Bücher: zum einen die vom Erstdruck abweichende Ausgabe eines handschriftlichen, illustrierten Exemplars der »Hebräischen Balladen« zur Verlobung einer *asiatischen Prinzessin,* wie es in der Widmung *vom Prinzen Jussuf von Theben* heißt, um das Jahr 1916 entstanden und 1986 als Faksimiledruck vom Deutschen Literaturarchiv in Marbach am Necker herausgegeben. Von dieser Prinzessin weiß man lediglich den Namen: Lucie Georgine Leontine von Goldschmidt-Rothschild und die Herkunft: Tochter des Bankiers Maximilian Benedikt Freiherr von Goldschmidt. Von einer Beziehung zu diesen Personen über den Anlass hinaus ist nichts bekannt. Das kann darauf hindeuten, dass es sich um eine einmalige Bestellung und einen Verkauf der

Balladen gehandelt haben kann, im Gegensatz zum Prachtband »Theben« in ähnlicher Ausstattung, von dem 1923 eine Anzahl Exemplare als »Vorzugsausgabe« und eine »normale Ausgabe« im Verlag Galerie Flechtheim Berlin herausgebracht werden. Der Industrielle Hugo Stinnes kauft z.B. ein Exemplar der Vorzugsausgabe, der kulturinteressierte thüringische Erbprinz Reuss, jüngere Linie, ebenfalls, und er verfasst dazu eine enthusiastische Rezension... Auch an solchen Elogen muss ihr jetzt gelegen sein, denn im Alltag der Else Lasker-Schüler gilt es immerfort, mit der Figur des Prinzen scheinbar Unvereinbares im Spiel miteinander zu verknüpfen: den profanen Lebenserhalt für den Sohn Paul und sich selbst mit dem der phantastischen Existenz als Dichterin, ein Jahrtausend altes, vielfach in der Geschichte verwurzeltes Weltempfinden und eine profane, übermächtige Gegenwärtigkeit in Berlin, die jeden Moment das Spiel zum Einsturz bringen kann.

Nach der Scheidung von Herwarth Walden beginnt für Else Lasker-Schüler ein Leben in wechselnden Pensionen und möblierten Zimmern, während ihr Sohn Paul in Schullandheimen untergebracht ist. So wohnt sie in der Humboldtstraße 13, bei Frau Enderlein, in der Schaperstraße 4, Nürnberger Straße 46, Pension Benecke, in der Kleiststraße Nr. 22, Pension Bayreuth, Nürnberger Straße 26, bei Frau Kroll. Karl Kraus veröffentlicht in der Januarnummer 1913 seiner »Fackel« einen Aufruf zur Sammlung für sie, das »Berliner Tageblatt« schließt sich dem ohne ihr Wissen an, veröffentlicht Namen und Spendenlisten. Paul Zech verfasst ohne Rücksprache mit ihr ein Porträt der Dichterin, um das Anliegen zu unterstützen. Konservative Zeitungen kommentieren die Aktion hämisch, eine rät, Else Lasker-Schüler möge doch »für ein gesundes Volk geistig gesunde Kost« reichen, dann wären ihre Probleme gelöst. Herwarth Walden zitiert und kommentiert alles kämpferisch-kulturpolitisch im »Sturm«. Sie ist zutiefst verletzt. Der Maler Franz Marc, von ihr »Der blaue Reiter« genannt und dessen Frau Maria, die sie seit Dezember 1912 persönlich kennt, laden sie nach Sindelfingen ein, wo sie sich erholen soll.

Franz Marc beginnt als erster, sie in ihrer Prinzenrolle zu bestärken: seine berühmten gemalten Postkarten sind Botschaften, an den Prinzen gerichtet: *Der Blaue Reiter präsentiert Eurer Hoheit sein Blaues Pferd...* Damit wappnet die Dichterin sich, nimmt den Zuspruch in ihren Alltag hinein. Er ermöglicht neues Spiel, neues Leben und Schreiben, bald auch vermehrt Einladungen zu Lesungen, die sie von Prag über München und Zürich bis nach Wien führen. Dass sie weiß, wo sie sich in Wirklichkeit dabei befindet, dass sie nicht mit dem »Prinzen von Theben« identisch ist, schreibt sie am deutlichsten bei einem Aufenthalt in München an den Lyriker Karl Wolfskehl: *Gestern wie ich durch die Straßen ging, sah ich zwei kleine Knaben der eine war ein Zwerg und hatte einen Buckel und der andere war viel jünger und größer und der küßte seinen Bruder auf den Mund und dann seinen Buckel – und dann fraßen sie von der Straße ein altes Stück Fleisch und ein altes Stück Brot wie kleine verkommene Hunde. Beim Anblick dieser schmerzlichsten Zärtlichkeit, großer König von Egypten, ist mein letzter Tropfen [Blut] erstorben. Ein Symbol meiner innersten Zerrissenheit. Wie soll ich das erklären? Bin ich etwa Lehrerin. – Aber heute Abend komme ich in meiner Bibelpracht als Jussuf.* Damit erweist sich Else Lasker-Schüler auch in diesem Zusammenhang als Dichterin der Moderne.

1914 erscheinen Geschichten, von der Dichterin *arabische Judengeschichten* genannt, unter dem Titel »Der Prinz von Theben«, in denen sie eine männliche Figur arabische Gestalten in orientalischen Landschaften agieren lässt. Doch stellt die Dichterin auch hier den Bezug zu ihrer Gegenwart her, indem sie in einzelnen Geschichten Personen aus ihrem Umkreis auftreten lässt oder sie ihnen widmet. So eine Gestalt mit Namen »Senna Pascha«, der auch die Widmung zur Geschichte »Der Fakir« als dem »geliebten Spielgefährten Sascha (Senna Hoy)« zugeordnet ist. Hinter diesem Namen verbirgt sich der junge Berliner Lyriker und Anarchist Johannes Holzmann, der als Zwanzigjähriger 1903 einen »Bund für Menschenrechte« gründete und ihm mit der Zeitschrift »Kampf« eine publizistische Plattform gab. 1905 musste er in die Schweiz fliehen, um sich einem Gerichtsurteil wegen »Nötigung einer Amtsperson« zu entziehen. Wie zum Schutz wird er in den Text eingebettet. Mit seiner Person und der Beziehung zu ihm wird von Else Lasker-Schüler ein Spiel mit Namen und Schicksalen eröffnet, das weite Kreise zieht. Einmal zum Gegenstand ihrer Poesie geworden, bleiben Personen auch in ihrem Leben anwesend. Im Falle Johannes Holzmann wird sie – vergeblich – bis nach Moskau reisen, um den Schwerkranken aus dem Zuchthaus zu befreien, wohin er als Anhänger russischer Anarchisten geraten war. Er stirbt dort 1914.

Mit den hoheitsvollen Vollmachten eines Prinzen wird die Dichterin auch zum einfallsreichen Regenten über ein persönlich-solidarisches Gemeinwesen »Theben«. Die Angehörigen ihres Volkes werden mit Namen aristokratischen Ranges erhöht – gemeint ist ihr Künstlertum, im Gegensatz zu ihrem Staatsbürgertum. Zu diesem »Volk« gehören vor allem ihre Künstler-Freunde. Dabei ist ihr der Maler Franz Marc, den sie ihren »Halbbruder Ruben«, den »Fürsten von Cana« nennt, der nächste. Sie beginnt ihm Briefe zu schreiben, die bis Juli 1914 in der »Aktion« und in den »Weißen Blättern« zu lesen sind. Dann beginnt der Krieg, der ein Erster Weltkrieg werden sollte. Die Künstlerfreunde sind fast alle begeistert vom unbekannten Abenteuer Krieg und geben sich ihm unbedenklich hin. Else Lasker-Schüler ist leidenschaftlich dagegen. Sie muss ihre Position auch gegenüber ihrem halbwüchsigen Sohn verteidigen. Daran ist die weibliche Ausstattung und Potenz des »Prinzen von Theben« zu ermessen. Bald ist dessen Beistand gefragt. Georg Trakl schickt aus Krakau in höchster Bedrängnis einen Hilferuf, aber die Post erreicht Else Lasker-Schüler erst nach seinem Selbstmord. Sie ist untröstlich. Vergeblich hatte sie versucht, den Maler Franz Marc von der Verderblichkeit des Krieges zu überzeugen. Er wollte ihren zeichnerisch begabten Sohn unter seine Fittiche nehmen. Else Lasker-Schüler verschafft Marc bleibende Erinnerung, indem sie die Briefe und Bilder an ihn in den erzählenden Teil ihrer nun entstehenden Prosa »Der Malik. Ein Kaiserroman« einmünden läßt. In ihm wird der »Prinz von Theben« mit viel Ironie zum Kaiser gekrönt. Zunächst erscheint der Roman in Fortsetzungen in der »Aktion«; als diese im Krieg verboten wird, in Wieland Herzfeldes Zeitschrift »Neue Jugend«. Auch deren Erscheinen muss eingestellt werden, und Herzfelde gründet 1917 einen neuen Verlag, den er »Malik-Verlag« nennt, aber das Buch erreicht erst 1919 in der »Gesamtausgabe in zehn Bänden« im Verlag Paul Cassirer die Öffentlichkeit.

Der Kunsthändler und Verleger Paul Cassirer hatte Else Lasker-Schüler 1914 erstmals zu einer Lesung in den Salon seiner Galerie im Haus Viktoriastraße 35 eingeladen, war durch ihre Zeichnungen und Briefe an Franz Marc erst recht auf sie aufmerksam geworden. Es ist das Haus, von dem Tilla Durieux, seit 1910 zweite Ehefrau Cassirers, in ihren Erinnerungen erzählt: *Der Teil Berlins, in dem sich nun die eine Hälfte meines Lebens abspielte – die andere gehörte dem »Deutschen Theater« –, war damals eine stille Ecke. Fast wäre man versucht, sie eine Kleinstadt in der Großstadt zu nennen. Die Kunsthandlung lag im Erdgeschoß, der erste und zweite Stock, damals noch vermietet, wurde später zu Büro- und Wohnräumen umgewandelt, und im Parterre bebaute man den kleinen Garten zum Teil mit einem schönen Oberlichtsaal. Gegenüber wohnte die Familie Rathenau, deren Haus später zu einem prächtigen Palais umgewandelt wurde.*

Tilla Durieux und Paul Cassirer mit dessen Tochter Suse aus erster Ehe

Schon seit 1901 hatte Paul Cassirer die Berliner mit seinen wagemutigen Ausstellungen geschockt: als erster stellte er in seiner Galerie den Impressionisten Paul Cézanne aus. Als die Öffentlichkeit darauf mit Ablehnung und Beschimpfungen reagierte – »Paul Cassirer, der die Dreckskunst aus Paris zu uns bringen möchte…«, hat der deutsche Kaiser in einer Rede geäußert – und das Unternehmen auch pekuniär ein Misserfolg wurde, stellte er einige Monate noch einmal Bilder von Cézanne aus, im Kontext mit anderen Malern wie Vincent van Gogh, Auguste Renoir, und sorgte dafür, dass ein Bild Cézannes als verkauft angezeigt wird. Doch auch jungen Künstlern aus Deutschland öffnet Cassirer seine Galerie: Max Slevogt, Lovis Corinth, Oskar Kokoschka werden von ihm gefördert. Besonders verdient macht er sich um den Bildhauer und Schriftsteller Ernst Barlach, dem er mit Stipendien zur Entfaltung verhilft. In seinem Verlag, den er 1908 gründet, gehören auch Schriftsteller und Dichter der neuen Generation, die er fördert und verlegt, zu seinen Partnern und Freunden: so die Stückeschreiber Frank Wedekind, Carl Sternheim und Ernst Toller. 1909 kann Herwarth Walden seine »Dafnis«-Lieder, nach Texten von Arno Holz, im Salon Cassirer zur Aufführung bringen, im Januar 1910 hält dort Karl Kraus seine ersten drei Berliner Vorlesungen. Von 1910 bis 1913 wird im Cassirer-Verlag das Gesamtwerk von Heinrich Mann herausgebracht, 1919/20 ist es das »Gesamtwerk in zehn Bänden« von Else Lasker-Schüler. An Karl Kraus schreibt sie im Februar 1919 aus Zürich: *Zuerst Franz Werfel war hier in Zürich, hat sich direkt großartig zu mir gezeigt, ich mein nicht etwa mit Geld, hab ich seit Cassirer (nach Christi) selbst. Alle Bücher ist er im Begriff anzukaufen, herrlicher Mensch, so gut zu mir und er gibt meine gesammelten Kotzebuewerke heraus und hören Sie alle meine Bilder. Er hat sich wahrhaftig drin verliebt. Ich hab unglaubliche Bilder gemalen, Karl Kraus, Sie würden direkt wahnsinnig, solche Bilder.* Eine Ausstellung ihrer Zeichnungen im Salon Cassirer, von der Künstlerin seit 1913 schon angekündigt, findet erst im Dezember 1919 statt. Da ist als Erstdruck »Der Malik. Ein Kaiserroman« in der »Gesamtausgabe in zehn Bänden« bereits erschienen.

In diesem Roman erlangt die »Theben«-Konzeption den Rang von Weltliteratur. Er vereint die beiden Ebenen der Prosa Else Lasker-Schülers – die biographisch und autobiographisch reflektierende der Berliner Porträts, Essays und »Briefe nach Norwegen« mit der phantastischen der arabischen Geschichten – und kommt zur Synthese. In ihm sind die noch lebenden, die kriegsbegeisterten, die schon toten oder noch »im Felde« weilenden Freunde Else Lasker-Schülers vereint. Während sie dort allmählich aus ihrem Irrtum über den Krieg erwachen oder grausam erweckt werden, zieht Else Lasker-Schüler sie schützend in den Kreis ihrer Stadt Theben, wo sie als poetische Gestalt bewahrt werden: Peter Baum als »Antinous«; Gottfried Benn als »Giselheer«; Hans-Ehrenbaum-Degele als »Tristan, der reine Liebesfreund«; Richard Dehmel als »der Waldfürst«; Wieland Herzfelde als der »Roland von Berlin«; Johannes Holzmann als »Senna Hoy«, »Prinz von Moskau«; Karl Kraus als »Der Dalai Lama«, der »Kardinal aus Wien«; Paul Lasker-Schüler als »Bulus« oder »Pull«; Paul Leppin als »König von Böhmen«; Hans Adalbert von Maltzahn als »Herzog Adalbert aus Leipzig«; Franz Marc als »Ruben«, »Fürst von Cana«, als »Der blaue Reiter«; Georg Trakl als »Gralsritter«, »Ritter aus Gold«. Als einzige Künstlerin bekommt die Schauspielerin und Freundin Kete Parsenow als »Venus von Siam« ihren Platz im poetischen Reich Theben.

Peter Baum, Hans Ehrenbaum-Degele, Franz Marc und Georg Trakl kehren nicht aus dem Krieg zurück. Berlin ist von verschiedenen Kämpfen gezeichnet. Aus ihnen wurde die Republik geboren. Wie schon während des Krieges will Else Lasker-Schüler auch an dessen Ende in der von ihr geliebten Schweiz Erholung finden. Aber das ist jetzt ohne Visum nicht mehr möglich. Die Dichterin schreibt einen Offenen Brief an den Schweizer Verleger Eduard Korrodi und beginnt damit ihre publizistische Arbeit wieder aufzunehmen. Zu ihrer Freude hat sie seit 1918 ein Zuhause in Berlin, das sie bis 1933 nicht mehr verlassen muss: das Hotel »Koschel«, später »Sachsenhof« genannt. Es befindet sich noch heute, etwas umgebaut, in Schöneberg, in der Motzstraße 7, eine Tafel erinnert an die berühmte Bewohnerin. 1918 war das Hotel im Besitz eines Elberfelders, mit ihrem Bruder Moritz bekannt. Dieses »Verwandtschaftsverhältnis« zu Else Lasker-Schüler lässt sie als »das Kind« des Hotels gelten. Sie spricht von einem *einzigen Glücksfall des Wohnens* und meint damit nicht die Klasse des Hotels, nicht die Heißwasserleitung, sondern den Status, der ihr dort gewährt wird. Sie darf sich zweimal im Jahr Gäste einladen, nicht nur einmal werden ihr die Hotelkosten von großzügigen Verehrern ihrer Dichtung abgenommen. Ein Lesezimmer, ein kleines Kino befinden sich im Hotel, das sie besonders begrüßt. Ihr bescheidenes Zimmer liegt auf der Garten-, der Hofseite, zuerst bewohnt sie im zweiten Stock ein Eckzimmer, dann im ersten Stock ein etwas größeres Zimmer. Schon der Blick aus dem Fenster lenkt nun die Aufmerksamkeit auf die Natur in der Stadt, und die Dichterin schildert sie in kleinen, poetisch-philosophischen Betrachtungen. Auch der »Sachsenhof« selbst wird zum Ort der Poesie, wenn dort buddhistische Mönche Quartier nehmen.

Aber es gibt für die Dichterin nicht nur Zuspruch in der Republik. Der Karikaturist Olaf Gulbransson zeichnet sie als Gnom-kleines Wesen mit wirrem Beethovenhaar, von dürrer Gestalt, mit verquältem Lächeln, das einer neben ihr stehenden, hochgewachsenen Dame gilt, mit weich schwingender Nackenlinie und schönem Rückendekolleté, die auf sie herabschaut. In der »Weltbühne« erscheint am 7. Juli 1921 eine Parodie, betitelt »Else Lasker-Schüler, von Hedwig Courths-Mahler«. Sie reagiert mit einem Brief an Siegfried Jacobsohn, der eine Woche später in der Zeitschrift erscheint, in dem sie sich in ihrer Verwundbarkeit als »Prinz von Theben« zeigt: *Immer diesen Prinzen angreifen! Die Anerkennung beruht grade im Grund auf dieser Zurückhaltung. [...], und dann diese[r] unanständig[e] Artikel, der nicht allein mir, aber den Juden schadet, die mich gerne haben. Ich habe durch die Prinzenkrone nur dem Judentum einen Opal in die Schläfe gesetzt, zumal auch die antisemitischen Einwohner Berlins, darunter die anerkannten Christen, mich glühend so ehren. Ich bin im Grunde ein einfacher Hirte, der aber nicht die Lämmer hüten darf, aber kämpfen muß täglich.*

Das tut sie, wagt sich weit nach vorn, im Schutze ihrer Bekanntheit, ihres Amtes als »Prinz von Theben«. Inflation und Weltwirtschaftskrise verursachen schwere finanzielle Verluste, nicht nur für sie. Sie verfasst ei-

ne Schrift, genannt »Ich räume auf. Meine Anklage gegen meine Verleger«. Die Schrift nennt Namen und Hausnummer ihrer Verleger, sie liest
schon 1923, zur Zeit der großen Geldentwertung, aus dem Manuskript
vor und findet natürlich in Berlin und anderswo in Deutschland keinen
Verlag dafür. So muss die Broschüre 1925 im Selbstverlag erscheinen. Bis
1931 wird die Verfasserin der Streitschrift immer wieder zu Lesungen eingeladen. Im »Berliner Börsen-Courier« begrüßt als erster Herbert Ihe-
ring diese Schrift. Auch in anderen großen Zeitungen wie dem »Berliner
Tageblatt« gibt es Wortmeldungen dazu. Die Zuschrift Paul Cassirers, Else Lasker-Schülers Hauptverleger in Berlin, beantwortet sie öffentlich mit
der Ankündigung, ihren Rechtsanwalt einzuschalten. Der erreicht wenigstens die Rückgabe von noch vorhandenen Exemplaren ihrer zehn-
bändigen »Gesamten Werke«, 1919/1920 bei Paul Cassirer erschienen.
Die bietet sie nun selbst an, in Briefen und Anzeigen. Auch für ihre neuen
Texte findet sich kein Verlag mehr, in großen Berliner Zeitschriften und
Zeitungen kann sie ihre Essays und Gedichte kaum noch unterbringen.
Nur das »Berliner Tageblatt«, der »Börsen-Courier«, die »Vossische Zeitung«, die »Frankfurter Zeitung und Handelsblatt« und »Die Weltbühne« sind noch für sie offen. Doch in der Zeit zwischen 1923 und 1932 tun
sich auch neue Publikationsmöglichkeiten auf, die zeigen, wie bekannt Else Lasker-Schüler inzwischen in Deutschland ist: Weniger große Zeitungen von Barmen, Darmstadt, Dresden, Frankfurt am Main, Halle, Hamburg, Karlsruhe, Köln, Leipzig, Mährisch-Ostrau, über Oldenburg, Saar-
brücken bis nach Zwickau bringen einzelne Gedichte oder Prosa in ihren
Ausgaben. Aber auch von Prag über Zürich bis Wien und bis nach Frankreich werden ihre Dichtungen in Teilen veröffentlicht.

Inzwischen haben sich in Berlin verschiedene Künstler-Organisationen
gebildet, wie es in ihrer Anklageschrift vorgeschlagen worden war, so erneu-
ert sich der Schriftstellerverband, die Abteilung Dichtkunst in der Akademie der Künste wird gegründet. Bei der Vorbereitung dazu war Else Lasker-
Schüler ungefragt und unbeachtet geblieben. 1927, als die Not am größten
ist, weil ihr Sohn Paul seit zwei Jahren an Tuberkulose leidet, in Agra und
Davos behandelt werden muss, erscheint im »Berliner Tageblatt« ein Aufruf:»Ein Verlag für Else Lasker-Schüler gesucht« – erfolglos. Im »Berliner
Börsen-Courier« vom 27. Mai 1927 lässt sie nun einen »Offenen Brief an
Finanzminister Dr. Reinholdt« drucken, in dem sie den »Prinzen von The-
ben« auf Staatsebene und mit unübersehbarer Ironie agieren lässt. Aber

die »thebetanische Frage« kann sie wiederum nur selbst lösen: Sie wirbt um Aufträge, bietet Zeichnungen an, übernimmt sich dabei, muss Sehnenscheidenentzündungen erleiden, der rechte Arm streikt, sie vertreibt Reste ihrer Buchausgaben, die Mäzene von Verlagen abkaufen, um sie ihr kostenlos zum Weiterverkauf zu überlassen – ein schweres Jahr, an dessen Ende der Sohn im gemieteten Atelier des arabischen Bildhauers Jussuf Abbo im Tiergarten stirbt. Sie hatte den geliebten Sohn für seine letzten Lebensmonate auf seinen Wunsch nach Berlin geholt.

Nur noch wenige Jahre bleiben der Dichterin Else Lasker-Schüler in Berlin, wo antisemitische Stimmungen zunehmen und zu Ausschreitungen führen. In dieser auch für Else Lasker-Schüler bedrohlichen Zeit wird sie in dem Verleger Ernst Rowohlt endlich einen finden, der sich ihrer Gedichte und Prosastücke seit 1922 annimmt und sie 1932 in dem Band »Konzert« versammelt herausbringt. Mit der im gleichen Jahr dort erscheinenden neuen Prosa von Else Lasker-Schüler, genannt »Arthur Aronymus. Die Geschichte meines Vaters«, reagiert sie selbst auf die wachsenden Spannungen. Das nach dieser Prosa entstandene Bühnenstück »Arthur Aronymus und seine Väter (Aus meines geliebten Vaters Kinderjahren)«, verlegt der S. Fischer-Verlag. Mehrere Regisseure, unter ihnen Max Reinhardt, wollen es sofort inszenieren. Dazu kommt es bis Januar 1933 schon nicht mehr. Aber nicht nur Verleger und Intendanten reagieren solidarisch auf die sich zuspitzende Situation für jüdische Künstler – die Kleiststiftung gewährt Else Lasker-Schüler den Preis, der ihr lange gebührte. Ende November 1932 wird ihr diese Ehre zuteil, allerdings nur halbherzig, denn der österreichische Schriftsteller Richard Billinger erhält die andere Hälfte des Preises für sein Drama »Rauhnacht« (1931).

Am 29. November liest sie – zum letzten Mal – in Berlin, im Schubert-Saal, Bülowstraße 104, am Nollendorfplatz. Im »Berliner Tageblatt« wird dazu geschrieben: *Else Lasker-Schüler, deren starkes dichterisches Lebenswerk von Erich Ziegel vor kurzem mit dem Kleistpreis geehrt wurde, las im Schubertsaal vor zahlreichen Freunden und Lesern aus ihrer schönen Lyrik. [...] In dem Schauspiel »Arthur Aronymus und seine Väter« heben sich ergreifend und trostreich die Gegensätze der Konfessionen in dem Nebeneinander der Volksschichten auf. [...] Die Dankbarkeit der Zuhörer war groß. Die Dichterin mußte sich stets von neuem zeigen – sie ist immer noch der feine, fremdartige Prinz von Theben, im Schnürjackett, mit den großen dunklen Augen und dem begeistertwilden Haar.*

Dagegen schallt es aus dem »Völkischen Bobachter«: *Die Tochter eines Beduinenscheichs erhält Kleistpreis. Es gibt kaum ein die jüdische Anmaßung besser beleuchtendes Beispiel als die Taten der Kleiststiftung, zu deren Gründung bekanntlich 44 Juden und 17 Deutschstämmige aufriefen.[...] Diese früheren Kleistpreisträger waren Juden, Halbjuden, Pazifisten, Pasquillanten, Bolschewisten, Nullen, Konfusionsräte, Tendenzlinge, Tantiemejäger.[...] Aber das dicke Ende kommt noch in Gestalt der knabenhaft-dürren Jüdin Else Lasker-Schüler nach. Kleistpreisrichter Erich Ziegel gestattete sich nämlich die Provokation, obenerwähnte »Rose vom Libanon« dem deutschen Parnaß einzureihen.[...] Wir meinen, daß die rein hebräische Poesie der Lasker-Schüler uns Deutsche gar nichts angeht. Das erhellt wohl allein schon die Charakteristik, mit welcher die >Vossische Zeitung< >Elsi<, diese in der Tat seltsame Magd beehrt: »Die seltsamste aller Gestalten im dichtenden Deutschland, dem Polizeipapier zufolge unter Elberfelds Schornsteinen geboren, dem Takte ihres Blutes nach die Tochter eines Beduinenscheichs, körperlich wohnhaft im Kaffeehause – geistig in der Wüstenoase daheim – das ist Else Lasker-Schüler.«* Ihr Spiel fällt in zynischer Variation auf sie zurück, schlägt auf sie ein, schlägt sie aus dem Feld, treibt sie bald außer Landes. Einen ihrer letzten Briefe richtet sie an die Lyrikerin und Romanautorin Ina Seidel, die zusammen mit der Dichterin Elisabeth Langgässer im Frühjahr 1933 unter dem Titel »Herz zum Hafen« eine Anthologie mit Frauengedichten der Gegenwart herausgegeben hatten. Dort konnten die Gedichte »An mein Kind«, »Ein alter Tibetteppich« und »Joseph wird verkauft« als letzte Veröffentlichung von Else Lasker-Schüler in Deutschland erscheinen. Am 19. April 1933 flüchtet die Dichterin nach Zürich.

Viele schaffende Künstler, die früher in Berlin ansässig waren, haben unsere Stadt verlassen, um anderswo ihre Arbeitsstätte aufzuschlagen, begann im April 1922 die Umfrage »Berlin und die Künstler« der »Vossischen Zeitung«. *Hemmt oder beeinträchtigt Berlin wirklich das künstlerische Schaffen,* fragte sie. Else Lasker-Schülers Antwort wurde am 16. April 1922 veröffentlicht. Erst zehn Jahre später, im Band »Konzert«, gab die Dichterin ihrem Text den Titel »Die kreisende Weltfabrik«.

Berlin, im Juni 2012

Else Lasker-Schüler: Werke und Briefe. Kritische Ausgabe. Im Auftrag des Franz-Rosenzweig-Zentrums der Hebräischen Universität Jerusalem, der Bergischen Universität Wuppertal und des Deutschen Literaturarchivs Marbach a.N. herausgegeben von Norbert Oellers, Heinz Rölleke und Itta Shedletzky. Frankfurt a.M.: Jüdischer Verlag im Suhrkamp Verlag.

Band 6: Briefe. 1893 – 1913. Bearbeitet von Ulrike Marquardt. Frankfurt a.M., 2003.

Band 7: Briefe. 1914 – 1924. Bearbeitet von Karl Jürgen Skrodzki. Frankfurt a.M., 2004.

Band 8: Briefe. 1925 – 1933. Bearbeitet von Sigrid Bauschinger. Frankfurt a.M., 2005.

Briefe Peter Hilles an Else Lasker-Schüler. Mit einer Einbandzeichnung der Verfasserin. Verlegt bei Paul Cassirer in Berlin, 1921.

Peter Hille: »Ich bin, also ist Schönheit.« Lyrik, Prosa, Aphorismen, Essays. Herausgegeben von Rüdiger Bernhardt, unter Mithilfe von Heidi Ruddigkeit und mit einem Nachwort von Rüdiger Bernhardt. Leipzig: Verlag Philipp Reclam jun. 1981.

Expressionismus. Literatur und Kunst 1910-1923. Eine Ausstellung des deutschen Literaturarchivs im Schiller-Nationalmuseum Marbach a.N. vom 8. Mai – 31. Oktober 1960 = Sonderausstellungen des Schiller-Nationalmuseums. Katalog 7. Im Auftrag der Deutschen Schillergesellschaft herausgegeben von Bernhard Zeller.

Tilla Durieux: Eine Tür steht offen. Erinnerungen. Berlin: Henschel Verlag 1969.

ABBILDUNGSNACHWEIS

Archiv der Akademie der Künste: Däubler-Archiv Frontispiz (705)
Archiv der Akademie der Künste: Durieux-Archiv S. 39 (0249-11), 101 (0269)
Deutsches Literaturarchiv/Schiller-Nationalmuseum, Marbach a. N.: S. 45
Landesarchiv Berlin: S. 14, 21, 23, 61
Loeper, Heidrun: S. 52
Museen Charlottenburg-Wilmersdorf von Berlin: S. 16, 17, 49
Museen Tempelhof-Schöneberg von Berlin: S. 66, 77
Pfäfflin, Friedrich: S. 95
Stadt- und Landesbibiliothek Dortmund, Nachlass Hart: S. 84
Wikipedia: S. 12

Textgrundlage bilden Prosa-Ausgaben letzter Hand Else Lasker-Schülers: die Bände »Gesichte« und »Essays« (2. Aufl.), 1920 im Rahmen der »Gesamtausgabe in zehn Bänden« der Werke Else Lasker Schülers im Berliner Verlag Paul Cassirer sowie die Sammlung »Konzert«, 1932 im Rowohlt Verlag, Berlin, erschienen.

Alle Prosa-Texte von Else Lasker-Schüler finden sich auch im Band 2, »Prosa und Schauspiele«, der Ausgabe »Gesammelte Werke in drei Bänden«, herausgegeben von Friedhelm Kemp, erschienen im Kösel-Verlag München, 1962 (und Nachauflagen).

2011 fand eine neue Ausgabe in 15 Bänden ihren Abschluss: Else Lasker-Schüler: »Werke und Briefe. Kritische Ausgabe«. Im Auftrag des Franz Rosenzweig-Zentrums der Hebräischen Universität Jerusalem, der Bergischen Universität Wuppertal und des Deutschen Literaturarchivs Marbach a.N., herausgegeben von Norbert Oellers, Heinz Rölleke, Itta Shedletzky und (seit 2008) Andreas B. Kilcher. Frankfurt a. M.: Jüdischer Verlag, 1996ff.

Die Bände 3: Prosa 1903–1920 (Bd. 3.1) und Anmerkungen (Bd. 3.2), bearbeitet von Ricarda Dick, erschienen 1998 und 4: Prosa. 1921–1945 und Nachgelassene Schriften (Bd. 4.1) und Anmerkungen (Bd. 4.2), bearbeitet von Karl Jürgen Skrodzki und Itta Shedletzky, erschienen 2001, enthalten die Prosatexte von Else Lasker-Schüler in ihren Erstdrucken mit den zugehörigen Zeichnungen der Dichterin sowie den Varianten anderer Drucke.

Offensichtliche Schreib- oder Druckfehler in den hier versammelten Prosa-Texten wurden entsprechend der Kritischen Ausgabe stillschweigend korrigiert.

Für die Anmerkungen waren mir die Bände 3.2 und 4.2 der Kritischen Ausgabe (KA) hilfreich. Außerdem nutzte ich die von Karl Jürgen Skrodzki auf www.kj-skrodzki.de ins Netz gestellten Datenbanken, besonders die Informationen zu den Veröffentlichungen der Prosatexte Else Lasker-Schülers in Zeitungen und Zeitschriften.

1. DIE BEIDEN WEISSEN BÄNKE VOM KURFÜRSTENDAMM

Textgrundlage: »Gesichte« (1920), S. 55f. Dort mit Widmung: »Meinem lieben Freunde Andreas Meyer«. Erstdruck: »Gesichte«. Essays und andere Geschichten von Else Lasker-Schüler. Leipzig: Kurt Wolff Verlag 1913, S. 43f.

1 *Andreas Meyer*: Friedrich Andreas Meyer (1888-1978), Schriftsteller und Jurist; 1913/14 Redakteur der »Alljüdischen« Revue »Die Freistatt«; war nach 1914 Rechtsanwalt in Görlitz, dort Mitbegründer der zionistischen Ortsgruppe; wanderte 1933 nach Palästina aus; mit Else Lasker-Schüler lebenslang befreundet, zwischen 1909 und 1944 reger Briefwechsel.

2 *Friedrich-Wilhelm-Gedächtniskirche*: gemeint Kaiser-Wilhelm-Gedächtniskirche

3 *Café des Westens*: vgl. Text 5. und Anm. 5.1

4 *nach der Kolonie fahren*: Kolonie Grunewald, als selbständige Villenkolonie 1889 im Kiefernforst Grunewald angelegt, gehört erst seit 1920 zu Berlin.

2. AM KURFÜRSTENDAMM

Textgrundlage: »Gesichte« (1920), S. 48-50. Dort mit Widmung: »Georg Fuchs in Freundschaft«. Erstdruck: Der Sturm. Berlin, Jg. 1, Nr. 23, vom 4. August 1910, S. 184.

1 *Georg Fuchs*: Georg Fuchs (1868–1949), deutscher Schriftsteller und Dramatiker; Verfasser der Schrift »Die Revolution des Theaters« (München, Leipzig: G. Müller 1909); um 1910 Mitarbeiter der »Vossischen Zeitung«, später der »Aktion« und der »Weißen Blätter«.

2 *der Geranium*: geläufig *das Geranium*, aber *der* Storchenschnabel: blütenreiche, niedrige Staude, für Rabatten an Straßen und in Parks besonders geeignet; wird oft verwechselt mit den Balkonpflanzen, üblich »Geranien« genannt, die eigentlich Pelargonien (Pelargonium) heißen und ebenfalls zur Gattung des Storchenschnabels gehören.

3. IM NEOPATHETISCHEN CABARET

Textgrundlage: »Gesichte« (1920), S. 77f. Erstdruck: Der Sturm. Berlin, Jg. 1, Nr. 38, vom 17. November 1910, S. 304; dort in der ursprünglichen Schreibweise, die hier übernommen wird.

1 *Neopathetisches Cabaret*: 1910 von Kurt Hiller, Schriftsteller und Journalist, in Berlin begründet; machte die Lesungen seines 1909 zusammen mit dem Dichter Jakob van Hoddis ins Leben gerufenen *Neuen Clubs* öffentlich; der Text ist eine Besprechung der dritten Lesung am 9. November 1910.
Armin Wassermann: Schauspieler und Rezitator (1887-1915), las an jenem Abend Gedichte von Georg Heym (1887-1912), Jakob van Hoddis, Kurt Hiller und Rainer Maria Rilke (1875-1926).

2 *Zobeide*: Wally Schramm, Tänzerin und Schauspielerin.

3 *keine Gedichte von mir*: genau einen Monat später, am 9. Dezember 1910 las Else Lasker-Schüler Gedichte und Prosa im »Neopathetischen Cabaret«, im Café Kerkau, Behrenstraße 48.

4 *Es betritt jemand den Ölberg des Saals und predigt Kunst*: verfremdende Anspielung auf die Rede Jesu auf dem Ölberg bei Jerusalem »von den letzten Dingen«, von der Zukunft der Welt, die er vor seinen Jüngern hielt, bevor seine Passion begann.

5 *Jakob van Hoddis* (eigentl. Hans Davidsohn) (1887 – Sobibór 1942): expressionistischer Lyriker, schrieb u.a. das programmatische Gedicht »Weltende«, mit der Anfangszeile *Dem Bürger fällt vom spitzen Kopf der Hut*; wurde nach langem Aufenthalt in einer Heilanstalt 1942 deportiert und ermordet.

6 *Stefan George*: in der Tradition Hölderlins stehender Dichter (1868-1933), der einen eigenen Kreis von Bewunderern und Verehrern hatte, propagierte als deren Führer den autonomen Charakter der Kunst.

7 *Kurt Hiller*: Schriftsteller (1885-1972), gründete neben dem »Neopathetischen Cabaret« 1911 auch das literarische Cabaret »Gnu« und war Mitarbeiter des »Sturm« und der »Aktion«, der wesentlichsten Zeitschriften des Expressionismus; in den zwanziger Jahren gründete er eine Gruppe »Revolutionärer Pazifisten«, wurde 1933 in das Konzentrationslager Oranienburg gebracht, floh 1934 nach Prag, 1938 nach London und kehrte 1955 nach Deutschland zurück.

4. WENN MEIN HERZ GESUND WÄR

Textgrundlage: »Gesichte« (1920), S. 69-74. Widmung: »In Verehrung für Ludwig Kainer«. Erstdruck: Der Sturm. Berlin, Jg. 3, Nr. 107, vom April 1912, S. 18f.

1 *Ludwig Kainer*: Luwig Kainer (1885-1967). Maler, Graphiker und Bühnenbildner in Berlin, Mitarbeiter des »Simplicissimus« in München.

2 *wohne zwischen Haus und Haus*: Else Lasker-Schüler wohnte nach ihrer Heirat 1903 mit dem Komponisten und Schriftsteller Herwarth Walden (1878-1941) und ihrem Sohn Paul zunächst in der Ludwigkirchstraße 12, von September 1908 bis Anfang August 1912 in Berlin-Halensee, Katharinenstraße 5, Gartenhaus, Hochparterre; Anfang September 1912 zog sie nach Berlin-Grunewald, Humboldtstraße 13; die Ehe mit Herwarth Walden wurde im November 1912 geschieden.

3 *Tecofis Vaterhäuptling [...] tritt im Chât noir auf*: Tecofi: junger Neger im Gefolge des »Prinzen von Theben«, vgl. Anm. 4.8. Im Dezember 1909 war eine über 50 Personen starke Truppe aus Senegal, bestehend aus einem Häuptling, wilden Eingeborenen, Kriegern und Tänzern, im Berliner Passage-Panoptikum aufgetreten; das Panoptikum gehörte zum »Passage-Theater« in der zwischen 1869 bis 1873 errichteten Passage Unter den Linden/Friedrichstraße 165; auch ein Varieté, das »Linden-Cabaret« und das 1907 von Rudolf Nelson gegründete literarische Cabaret »Chât noir« gehörten dazu, dessen Name dem ersten Cabaret überhaupt, dem französischen »Chât noir« nachempfunden war.

4 *mein jüngerer Neger Oßman*: Neben dem jungen Neger Tecofi ist auch Oßman im poetischen Reich der Dichterin, ihrer Stadt Theben, ein Beschützer, Diener und Vertrauter des Prinzen, dem er einmal im Jahr die Regentschaft überträgt, vgl. Anm. 4.8.

5 *ein Engagement am Wintergarten*: Else Lasker-Schüler verfolgte zwischen 1910 und Mai 1912 die Idee, mit einer arabischen Szene, in der sie selbst Hauptdarstellerin war, ein Varietéprojekt zu realisieren, das, in mehrere Sprachen übersetzt, in Berlin, in Brüssel, in London und Wien aufgeführt werden und sie für immer von Geldsorgen befreien sollte; in Berlin schien der »Wintergarten« dafür das geeignete Varieté: Das 1880 in der Nähe des neuen Bahnhofs Berlin-Friedrichstraße erbaute Central-Hotel hatte neben dem Hotelbereich einen Palmengarten, einen »Wintergarten«, wie er im wilhelminischen Kaiserreich beliebt war: einen lang gestreckten Raum mit 75 Meter Länge und 23 Meter Breite, bei einer Gesamtfläche von etwa 1.700 Quadratmeter. Er besaß eine gewölbte Kuppel aus Glas, am höchsten Punkt maß die Decke 18 Meter. Der Raum wurde durch eine große Zahl von Gasleuchten erhellt, nachts vermehrten sie sich vielfach, wenn durch das Glasdach Sterne herein schimmerten. Der Wintergarten sollte den Gästen Erholungsstätte sein, aber auch Konzerten und Theatervorstellungen dienen. Bald hatte sich beim wohlhabenden Berliner Publikum der »Wintergarten« als musikalisch unterhaltender Veranstaltungsort durchgesetzt. Später wurden auch Tänzerinnen und Sängerinnen engagiert und in ihrer Verbindung mit der Kapelle entstanden Varietéprogramme.

6 *Aviatiker*: Vor dem Ersten Weltkrieg wurden das Fliegen, die Flugzeuge und die Flugzeugschauen extrem populär. Die erste internationale Luftschiffahrt-Ausstellung fand vom 10. Juli bis 17. Oktober 1909 in Frankfurt am Main statt; dort wurden Luftschiffe, Ballone und Flug-

zeuge von 500 Ausstellern gezeigt, zu denen Zeppelin, Parseval, Franz Clouth und H. Ruthenberg gehörten; über den Zeitraum von vier Monaten zählte man 1,5 Millionen Besucher; wegen des großen Erfolges fand fast drei Jahre später, vom 3. bis 14. April 1912, die »Allgemeine Luftfahrzeug-Ausstellung« in den Ausstellungshallen am Zoo in Berlin statt.

7 *Ich bin der Prinz von Theben*: Theben – alte, hunderttorige Hauptstadt Oberägyptens am Nil, vom 17. bis 12. Jahrhundert v. Chr. religiöses Zentrum. Else Lasker-Schülers *Stadt Theben* ist das Reich ihrer zweiten poetischen Inkarnation als *Prinz von Theben*, der um 1910 die *Prinzessin Tino* aus Bagdad ablöste, (ein Name, den Peter Hille ihr gegeben hatte); der Name des Prinzen ist Josef, dem biblischen Joseph nachempfunden, dessen Brüder ihn nach Ägypten verkauften, dessen Person und Geschichte die Dichterin schon als Kind besonders stark beeindruckt hatten; der arabischen Ausstattung ihrer *bunten Stadt* Theben angeglichen, nennt sich die Dichterin auch Jussuf.

8 *Mein Volk schielt noch vor Ungewissheit*: Zum Volk des poetischen Reiches Theben gehörten die engsten Künstlerfreunde Else Lasker-Schülers, denen sie Namen verlieh, so auch Gottfried Benn (1886-1956, Schriftsteller in Berlin), genannt *Giselheer*; Karl Kraus (1874-1936, Schriftsteller und Publizist in Wien), genannt *der Dalai Lama aus Wien* und *der Kardinal von Österreich*; Paul Lasker-Schüler (1889-1927, Zeichner), genannt *Pull* und *Bulus* und Franz Marc (1880-1916, Maler, vgl. dazu Anm. 6.1 und 19.12), genannt *Der blaue Reiter* und *mein Halbbruder Ruben* (vgl. dazu auch Anm. 20.13).

9 *Kaiser Nikita*: Nikolaus I., Nikita genannt (1841-1921), autokratisch regierender König Montenegros von 1910 bis 1918; im Erstdruck, in der Sammlung »Gesichte« von 1913 sowie im Sammelband »Die Entfaltung. Novellen der Zeit« von 1921 steht dafür *Kaiser Wilhelm*, gemeint ist Kaiser Wilhelm II. (1859 – 1941), von 1888 bis 1918 deutscher Kaiser.

5. UNSER CAFÉ. EIN OFFENER BRIEF AN PAUL BLOCK

Textgrundlage: »Essays« (1920), S. 89-91. Erstdruck: »Gesichte. Essays und andere Geschichten«. Kurt Wolff Verlag, Leipzig 1913, S. 130-132.

1 *Paul Block*: Paul Block (1862-1934), Journalist und Schriftsteller, leitete von 1911 bis 1920 das Feuilleton des »Berliner Tageblatts«.

2 *Chicagoer Zeitung, die mir meine Schwester aus Amerika sandte*: Martha Theresia Wormser, geb. Schüler (1862-1917), Else Lasker-Schülers erste Schwester, lebte mit ihrem Mann in Chicago.

3 *Unser Café*: Gemeint ist das »Café des Westens« am Kurfürstendamm/Ecke Joachimsthaler Straße, 1893 eröffnet, zunächst von einem Herrn Kirchner, seit 1895 von dem Italiener Rocco und ab 1904 von Ernst Pauly geführt; bis in die späten zwanziger Jahre Treffpunkt der Berliner avantgardistischen Schriftsteller, Künstler und Journalisten; im Zweiten Weltkrieg geschlossen.

4 *Café Josty*: Berliner Konditorei-Kette, seit 1880 war das Künstlercafé am Potsdamer Platz deren bekannteste Filiale.
Romanisches Café: seit 1899 Konditorei, ab 1916 und bis in die zwanziger Jahre des vorigen Jahrhunderts Künstlercafé im Erdgeschoss des »Romanischen Hauses« am Kurfürstendamm 238 in Berlin-Charlottenburg; bereits im März 1927 von Nazi-Krawallen am Kurfürstendamm betroffen, verlor es mit der Machtübernahme durch Hitler wie das »Café des Westens« seine Bedeutung für die künstlerische Avantgarde Berlins.
Lublinski: Samuel Lublinski (1868-1910), Schriftsteller und Literaturkritiker; Else Lasker-Schüler schrieb über ihn u.a. den Essay »S. Lublinski«, Erstdruck: Kritik der Kritik. Zeitschrift für Künstler und Kunstfreunde, Bd. 2 (1907), H. 10. S. 226-228.

5 *Blümner*: Rudolf Blümner (1873-1945, Schauspieler und Publizist; Else Lasker-Schüler schrieb über ihn den Essay »Rudolf Blümner«; Erstdruck: »Gesichte«, (1913), S. 113-114.

6 *Den Tubutsch im Gewande*: Albert Ehrenstein (1886-1950), Schriftsteller und Journalist, hatte 1911 die Erzählung »Tubutsch« veröffentlicht; auch Anspielung auf Schillers Ballade »Die Bürgschaft«; Else Lasker-Schüler schrieb über Albert Ehrenstein den Essay »Tubutsch / (Dr. Albert Ehrenstein)«; Erstdruck: Die Aktion. Berlin, Jg. 3, Nr. 46, vom 15. November 1913.

7 *Franz Lindner*: eigentlich Franz Lindwurm (1857-1937), Opernsänger, verheiratet mit Else Lasker-Schülers Schwester Anna (1863-1912); das Paar lebte von September 1901 bis 1904 und ab 1909 in Berlin.

8 *Liedertafel*: von Carl Zelter 1809 in Berlin gegründeter Männerchor.

9 *Paul Zech*: Schriftsteller (1881-1946), stammte wie Else Lasker-Schüler aus Elberfeld; sie widmete ihm u. a. den Essay »Elberfeld im dreihundertjährigen Jubiläumsschmuck«, Erstdruck: »Gesichte«, a. a. O. 1913, S. 32-36.

10 Das »*Café des Westens*« ist auch Schauplatz in Else Lasker Schülers Prosatext »Mein Herz. Ein Liebesroman mit Bildern und wirklich lebenden Menschen«, 1912 bei Heinrich F. S. Bachmair in München und Berlin erschienen.

6. IM ZIRKUS

Textgrundlage: »Essays« (1920), S. 88-93. Dort Widmung: »Meinem lieben blauen Reiter Franz Marc und seiner blauen Reiterin«. Erstdruck: Vossische Zeitung. Berlin, Nr. 511 (Morgen-Ausgabe), vom 31. Oktober 1905. Von Else Lasker-Schüler stammen auch die Essays »Zirkus Busch«, Erstdruck: Das Theater, Berlin, Jg. 1 (1909), H. 4 (Oktober II), S. 88 und »Zirkuspferde«, Erstdruck: Der Sturm. Berlin, Jg. 1, Nr. 6 vom 7. April 1910. S. 45.

1 *Meinem lieben blauen Reiter Franz Marc und seiner blauen Reiterin*: Franz Marc (1880-1916), expressionistischer Maler in München, 1912 zusammen mit Wassili Kandinsky Herausgeber des Almanachs »Der blaue Reiter«, auch Name einer expressionistischen Künstlervereinigung am Vorabend des Ersten Weltkrieges; Maria Marc (geb. Franck, 1876-1955), zweite Frau von Franz Marc; beide waren seit 1913 mit Else Lasker-Schüler in naher Künstlerfreundschaft verbunden, vgl. dazu u.a.: »Franz Marc. Botschaften an den Prinzen Jussuf«. Geleitwort Maria Marc. Einführung von Gottfried Sello. Weyam: Seehamer Verlag 1997 (Sonderausgabe).

2 *Miß Ella*: Der Kunstreiter Omar Kingsley hatte 1854 im Berliner Zirkus Renz als Miss Ella in Frauenkleidern debütiert.

3 *Leonahrder Hunde*: vielleicht Verwechslung mit Leonberger Hunden, deren Rüden eine Schulterhöhe von 72 bis 80 Zentimeter erreichen.

7. TIGERIN, AFFE UND KUCKUCK

Textgrundlage: »Gesichte« (1920), S. 86f. Erstdruck: Der Sturm. Berlin, Jg. 1, Nr. 11 vom 12. Mai 1910. S. 86.

1 *Zirkus Busch*: Der Begründer war Paul Busch (1850-1927), 1888 noch im dänischen Svendborg ansässig; 1891 zog das Unternehmen nach Hamburg (CIVA-Varieté); 1895 wurde das Stammhaus als prächtiger Rundbau in Berlin-Mitte, auf einem dreieckigen Grundstück südlich der Stadtbahn zwischen Kleiner Präsidentenstraße bzw. Burgstraße und Spree, eröffnet und verfügte über 4300 Sitzplätze. Der Zirkus wurde weltweit bekannt. Im November 1918 tagten dort die Arbeiter- und Soldatenräte; in den 1920er und 1930er Jahren führte Tochter Paula Busch das Unternehmen fort, das Stammhaus wurde 1937 aber gegen ihren Protest für den Bau von Reichszentralen verschiedener Wirtschaftsverbände abgerissen.

2 *Wintergarten*: Vgl. Anm. 4.5.

3 *Menu von Dressel*: Unter den Linden gab es damals ein altes Berliner Lokal, von Rudolf Dressel geführt, berühmt für seinen Rotwein.

4 *Heidsieck-Monopol*: berühmte Sekt- und Champagnermarke.

5 *Kolonie Grunewald*: vgl. Anm. 1.4.

8. SPITZE

Textgrundlage: »Konzert« (1932), S. 61-70. Erstdruck: Berliner Tageblatt. Jg. 54, Nr. 494 (Morgen-Ausgabe), vom 18. Oktober 1925.

9. DIE SONNE

Textgrundlage: »Konzert« (1932), S. 285 f. Erstdruck: Berliner Börsen-Courier. Jg. 57, Nr. 574 (Abend-Ausgabe), vom 6. Dezember 1924, S. 2

10. PETER HILLE (ES DAUERT HÖCHSTENS ZWANZIG MINUTEN ...)

Textgrundlage: »Essays« (1920), S. 11-17. Erstdruck: Berliner Tageblatt. Jg. 32, Nr. 375 (Montags-Ausgabe) vom 27. Juli 1903, Beiblatt: Der Zeitgeist Nr. 30 (= erste Prosaveröffentlichung); weitere Prosa-Texte von Else Lasker-Schüler zu Peter Hille: »Das Peter Hille-Buch«. Stuttgart und Berlin: Axel Juncker Verlag 1906; »St. Peter Hille« in: Berliner Tageblatt. Jg. 53, Nr. 381 (Abend-Ausgabe) vom 12. August 1924 ; »Peter Hille« in: Die Sendung. Berlin. Jg. 6, Nr. 18 vom 3. Mai 1929. S. 293; »Peter Hille« (Wieder einmal entzückt es mich ...), in: Deutsche Welle. Berlin, Jg. 2, Nr. 26 vom 28. Juni 1929. S. 408.

1 *Peter Hille*: Dichter, Poet und Weltenwanderer, (1854-1904), schrieb Gedichte, Prosa, Stükke, Aphorismen; als Redakteur, Rezensent, Herausgeber tätig; zwischen 1880 und 1893 mit Unterbrechungen auf Wanderungen und Pilgerfahrten in Europa unterwegs, vieler Sprachen mächtig; in Berlin ansässig seit 1895, lernte hier Else Lasker-Schüler kennen und wurde zu ihrem Freund und Leitbild, den sie nach seinem frühen Tod bis an ihr Lebensende verehrte. Peter Hille schrieb über sie: »Else Lasker-Schüler«, zuerst veröffentlicht in: Kampf. Zeitschrift für – gesunden Menschenverstand. N. F. Nr. 8 vom 26. März 1904. S. 238f. Briefe von ihm an Else Lasker-Schüler erschienen in: »Briefe Peter Hilles an Else Lasker-Schüler«. Mit einer Einbandzeichnung der Verfasserin, Berlin 1921. Die erste Biografie schrieb Heinrich Hart: »Peter Hille«. Berlin und Leipzig: Schuster & Loeffler 1904; die vorläufig letzte Rüdiger Bernhardt: »Ich bestimme mich selbst. Das traurige Leben des glücklichen Peter Hille (1854–1904)«. Jena: Bussert u. Stadeler 2004.

2 *Eines Abends klingelte es um halber Mitternacht*: Else Lasker-Schüler wohnte seit Oktober 1899 in Berlin-Charlottenburg, Schlüterstraße 62a, obwohl noch mit dem Arzt Berthold Lasker (1860-1928) verheiratet, die Ehe wurde 1903 geschieden; zeitweise gab der oft wohnungslose Peter Hille diese Adresse als seine Postanschrift an; von 1902 bis 1903 bewohnte Peter Hille ein Zimmer in der »Neuen Gemeinschaft«, 1900 gegründet von den Brüdern Heinrich (1855-1906) und Julius Hart (1859-1930), in Berlin-Schlachtensee.

3 *seinem Myrdin und seiner Viviane*: »Myrrdhin« ist der Titel eines Textes von Peter Hille, entstanden um 1902. In der keltischen Sage vom König Artus hieß Merlin auch Myrddin und war laut walisischer Überlieferung ein berühmter Zauberer, Berater und Erzieher des Königs, der später in den Wäldern Schottlands Zuflucht gesucht und in der Einsamkeit die Gabe der Weissagung erlangt hat; Viviane oder Nimue (wal.), ist die Geliebte des Merlin/Myrrdin; von ihr wird unter anderem erzählt, dass sie ein Naturgeist war, denn sie bannte Myrddin in einen Baum.

4 *Tino, toller Kerl*: Name für Else Lasker-Schüler, erste poetische Inkarnation als Dichterin, von Peter Hille verliehen.

5 *Des Platonikers Sohn*: Erziehungstragödie (1896) von Peter Hille.

6 *Hugo, der Landsknecht*: Hugo Baum (1875-1967, Schriftsteller und Buchhändler), Bruder Peter Baums (1869-1916, Schriftsteller), naher Freund Else Lasker-Schülers.

7 *Prinzessin*: das ist Else Lasker-Schüler als Tino, auch Prinzessin Tino genannt.

8 *wir zogen gen Norden*: Peter Hille wohnte zeitweise zur Untermiete in der Chausseestraße 95 I, Hof parterre.

9 *sein Vater der Fürst S. aus Westfalen sei und seine Mutter eine Leibeigene*: Peter Hilles Vater, Friedrich Hille, ist zunächst Lehrer und später Rentmeister beim Freiherrn von der Borch in Holzhausen; über seine Mutter ist nichts weiter bekannt.

10 *Brautseele*: bekanntes Gedicht von Peter Hille.

11 *hier wohnte Gerhart Hauptmann*: Gerhart Hauptmann (1862-1946), Schriftsteller und Dramatiker, bedeutendster Vertreter des Naturalismus, lebte von 1885-1889 mit seiner Frau Marie in der Villa Lassen in Erkner bei Berlin; 1889 zog er in die Schlüterstraße 78 in Charlottenburg.

11. KARL KRAUS

Textgrundlage: »Essays« (1920), S. 18-20. Erstdruck: Der Sturm. Berlin, Jg. 1, Nr. 12 vom 19. Mai 1910. S. 90. Von Else Lasker-Schüler erschienen: »Briefe an Karl Kraus«, herausgegeben von Astrid Gelhoff-Claes, Köln und Berlin 1959.

1 *Kraus, Karl*: österreichischer Schriftsteller, scharfer Sprach- und Gesellschaftskritiker, Publizist (1874-1936); Herausgeber und seit 1912 einziger Beiträger der satirischen Zeitschrift »Die Fackel«, die über einen Zeitraum von über dreißig Jahren (1899–1936) in Wien erschien; seit August 1909 und bis Mitte 1912 mit Herwarth Walden (vgl. Anm. 4.2 und 19.7) und Else Lasker-Schüler eng befreundet.

2 *meiner Mutter*: Jeanette Schüler (1837-1890) starb, als Else Lasker-Schüler elf Jahre alt war.

3 *Karl Kraus kennt die Frauen, er beschaut durch sie zum Denkvertreib die Welt*: Bis 1905 waren Ausgaben seiner Zeitschrift »Die Fackel« vor allem Beiträgen zur verlogenen bürgerlichen Moral und Sittlichkeit sowie erotischen Themen gewidmet.

4 *Dalai-Lama* (mongolisch-tibetanisch): weltumfassender Geistlicher; so sprach Else Lasker-Schüler Karl Kraus auch in ihren Briefen an.

5 *chinesische Mauer*: Eine Sammlung seiner Essays und Aphorismen für seine Zeitschrift »Die Fackel« hieß »Die chinesische Mauer«, wie ein gleichnamiger Essay; Karl Kraus las ihn neben anderen Texten im Januar 1910 in dem von Herwarth Walden gegründeten Berliner »Verein für Kunst« vor.

12. ALFRED KERR

Textgrundlage: »Essays« (1920), S. 51f. Erstdruck: Der Sturm. Berlin, Jg. 1, Nr. 49, vom 4. Februar 1911. S. 391.

1 *Alfred Kerr*: eigentl. Alfred Kempner (1867-1948); Schriftsteller und bedeutender Theaterkritiker, erhob die Kritik zur Kunstgattung, schrieb auch Gedichte, Essays und Reiseberichte, arbeitete vor allem für die Berliner Zeitungen »Der Tag«, »Neue Rundschau«, »Berliner Tageblatt«; von 1912 bis 1915 alleiniger Herausgeber der 1910 von dem Verleger Paul Cassirer wieder gegründeten Kunst- und Literaturzeitschrift »Pan«; besprach lobend Lasker-Schülers Gedichtband »Der siebente Tag« (1905), ihr 1909 entstandenes Schauspiel »Die Wupper« (1919) und die Inszenierung des Stücks am Staatlichen Schauspielhaus Berlin (1927).

2 *Am besten gefallen mir seine Gedichte:* Von Alfred Kerr erschienen nach Drucken in Berliner Zeitungen und Zeitschriften u.a. die Sammlungen: »Die Harfe«. Vierundzwanzig Gedichte. Berlin: S. Fischer 1917 und »Der Krämerspiegel«. Zwölf Gedichte mit Musik von Richard Strauss. Berlin: Cassirer 1921.

3 *spanisches Essay:* Kerr war mehrere Male in Spanien, Essays erschienen u. a. in dem Band »O Spanien! Eine Reise«, Berlin 1920.

4 *nach der Kolonie heimwärts gehen:* vgl. Anm. 1.4.

5 *im Tag seine gedichtete Kritik über Hauptmanns Premiere:* Am 15. Januar 1911 veröffentlichte die Berliner Zeitung »Der Tag« eine Theaterkritik von Alfred Kerr zur Uraufführung von Gerhart Hauptmanns »Die Ratten« im Berliner Lessingtheater.

13. TILLA DURIEUX

Textgrundlage: »Essays« (1920), S. 69-71. Erstdruck: »Frau Durieux«, in: Das Theater. Berlin, Jg. 1, H. 10 (1910, Januar II). S. 233f.

1 *Tilla Durieux:* (eigentl. Ottilie Godeffroy), österreichische Schauspielerin (1880-1971), 1903 Berliner Debüt an den Reinhardt-Bühnen Kleines und Neues Theater, spielte 1905-1911 am Deutschen Theater, 1910-1926 mit dem Berliner Kunsthändler und Verleger Paul Cassirer verheiratet; seit 1912 als erfolgreiche, freie Schauspielerin an verschiedenen Theatern in Berlin, München, Wien und auf Gastspielreisen in Europa und den USA; 1926 Freitod Paul Cassirers aufgrund von Scheidungsverhandlungen;1927-1928 bei Erwin Piscator im Theater am Nollendorfplatz; 1929-1933 Tourneen und Gastspiele, auch ins Ausland, u.a. nach Amsterdam, Zagreb, Wien, Luzern; 1930 Heirat mit dem Bankier und Kunstmäzen Ludwig Katzenellenbogen; 1933 Flucht mit ihm über Prag nach Ascona, später Emigration nach Zagreb/ Jugoslawien; 1941 Versuch, über Griechenland nach Amerika auszureisen; Ludwig Katzenellenbogen wird an der griechischen Grenze in Abwesenheit seiner Frau verhaftet, nach Berlin ausgeliefert und stirbt dort 1943 im Jüdischen Krankenhaus. Tilla Durieux kehrt 1955 nach Berlin zurück, spielt an verschiedenen Theatern, auch im Fernsehen; zu ihrem 90. Geburtstag im August 1970 erhält sie die Ehrenmitgliedschaft des Deutschen Theaters; Tilla Durieux schrieb über Else Lasker-Schüler in ihrem Erinnerungsbuch »Eine Tür steht offen«, 1954 in der Verlagsbuchhandlung F.A. Herbig in Berlin-Grunewald und 1969 im Henschel-Verlag Berlin erschienen.

2 *Eboligewand [...] den zackigen weißen Kragen:* Tilla Durieux spielte die Prinzessin Eboli in Schillers »Don Carlos« im Deutschen Theater, Premiere: 10. November 1909, Regie: Max Reinhardt (1873-1943).

3 *suchte ich unwillkürlich nach der Laute:* Ein anderes Rollenfoto von Becker & Maaß zeigt Tilla Durieux als Prinzessin Eboli mit einer Laute, in: »Tilla Durieux: Der Beruf der Schauspielerin.« Konzeption und Zusammenstellung: Heidrun Loeper, Ina Prescher, Andrea Rolz. Berlin: Stiftung Archiv der Akademie der Künste 2004 = Archiv-Blätter 11, S. 23.

4 *Rhodope:* In der Inszenierung von Friedrich Hebbels Stück »Gyges und sein Ring« in den Kammerspielen des Deutschen Theaters spielte Tilla Durieux die Königin Rhodope; Premiere: 2. Mai 1907, Regie: Emil Milan.

5 *Friedensfest:* Gerhart Hauptmanns Stück »Das Friedensfest« hatte in der Inszenierung von Max Reinhardt am 7. Januar 1907 in den Kammerspielen des Deutschen Theaters Premiere; Tilla Durieux spielte die Auguste Scholz.

6 *Gott der Rache:* Scholem Aschs Stück, im jiddischen Original »Got fun Nekome«, war 1907 in Petersburg uraufgeführt worden; Efraim Frisch brachte die deutsche Übertragung im Deutschen Theater zur Erstaufführung, Premiere: 19. März 1907; Tilla Durieux spielte die Hindl.

7 *in ihrem Privatgemach sah*: Tilla Durieux wohnte nach der Scheidung von ihrem ersten Mann, dem Maler Eugen Spiro (1874-1972), im Jahre 1904 in der Lennéstraße, dem Tiergarten gegenüber und später in der Margarethenstraße, Ecke Matthäikirchstraße, in einer größeren Wohnung, zusammen mit dem Kunsthändler und Verleger Paul Cassirer (1871-1926), den sie im Sommer 1910 heiratete; die Kunsthandlung und der Salon Cassirer befanden sich unweit davon, in der Viktoriastraße 35; der Verlag Paul Cassirer in der Viktoriastraße 2.

8 *Sezessionsfest*: Die »Berliner Sezession«, eine Gruppe von Berliner Künstlern, die sich 1898 unter Leitung von Max Liebermann zum Aufbruch in die Moderne bildete; 1910 spaltete sich davon die »Neue Sezession« unter Führung des Malers Max Pechstein, 1913 die »Freie Sezession« ab, in der sich die expressionistischen Künstler wie Oskar Kokoschka, August Macke und Ernst Barlach sammelten.

9 *Rektor in »Frühlingserwachen«*: Frank Wedekinds satirisches, lange verbotenes Stück »Frühlings Erwachen. Eine Kindertragödie«, entstanden 1891, wurde am 20. November 1906 in einer bearbeiteten Fassung unter der Regie von Max Reinhardt in den Kammerspielen des Deutschen Theaters mit Alexander Moissi in der Rolle des Moritz uraufgeführt.

10 *sie hält sich nämlich mit Vorliebe ab und zu oben in den Wolken verborgen*: Tilla Durieux betrieb seit 1909 den Sport im Freiballon, strebte sogar das Ballonführerexamen an; sie schrieb darüber um 1910, vgl. den Text »Die Frau im Ballon«, in: »Tilla Durieux: Der Beruf der Schauspielerin«, a. a. O., S. 13-15; in ihrem Erinnerungsbuch »Eine Tür steht offen« (1969) berichtet sie vom Fliegen im Freiballon auf einem Berliner Startplatz mit Alfred Cassirer, dem Bruder ihres Mannes Paul Cassirer, im Mai oder Anfang Juni 1912; offensichtlich hatte sie Else Lasker-Schüler bereits davor von ihren Erlebnissen erzählt.

14. RUTH

Textgrundlage: »Essays« (1920), S. 87f. Erstdruck: Das Theater. Berlin, Jg. 1, H. 9 (1910, Januar 11). S. 204. Er enthält Fotografien des Mädchens Ruth in ihren »Rollen«.

1 *Ruth*: Ruth Brenck-Kalischer, (1906- ?), Tochter der Schauspielerin, Rezitatorin und Schriftstellerin Bess Brenck-Kalischer und des Schriftstellers Siegmund Kalischer.

2 *eine Inger auf Östrot sein*: Norwegische Adlige; Henrik Ibsen (1828-1906) schuf nach ihrem Vorbild das Stück »Frau Inger auf Östrot« (1857).

3 *Café des Westens*: Vgl. Text 5. und Anm. 5.3.

4 *Beß Brenk*: Bess Brenck-Kalischer, eigentlich *Betty Levy* (1878-1933), absolvierte nach dem Besuch einer höheren Mädchenschule ein Lehrerinnenseminar bis zum Abschluss; Ausbildung zur Rezitatorin, einige Semester Philosophiestudium in Berlin; 1903 Beteiligung an Theateraufführungen der literarischen Abteilung der Berliner Freien Studentenschaft; am 27. Juli 1903 trat sie bei den »Waldspielen« der »Neuen Gemeinschaft« in Schlachtensee als Sulamith in der biblischen Szene »Hirtenliebe« (1901) von Peter Hille unter der Regie von Erich Mühsam und Ludwig Rubiner auf; in dieser Zeit Bekanntschaft mit Else Lasker-Schüler; Bess Brenck schrieb auch Gedichte und Prosa, lebte seit 1917 in Dresden-Hellerau, dort Mitglied der »Expressionistischen Arbeitsgemeinschaft Dresden«; 1920 Rückkehr nach Berlin, gründete zusammen mit Berta Lask den »Bund proletarisch-revolutionärer Schriftsteller«; 1927 Reise in die Sowjetunion; stirbt 1933 an einem Nervenleiden in Berlin.

5 *als Ibsen sein Puppenheim schuf*: Ibsens Stück »Nora oder Ein Puppenheim« (1879).

15. MARIE BÖHM

Textgrundlage: »Essays« (1920), S. 92f. Erstdruck: Der Sturm. Berlin, Jg. 1, Nr. 30, vom 22. September 1910, S. 239.

1 *Marie Böhm ist die Eigentümerin des kunstphotographischen Ateliers Becker und Maaß*: Fotos aus diesem bekannten Berliner Atelier sind seit den frühen neunziger Jahren des 19. Jahrhunderts und bis in die dreißiger Jahre des 20. Jahrhunderts nachweisbar; um 1908 befand sich ein Atelier auch in der Leipziger Straße. Neben der Porträtfotografie wurde besonders die Theaterfotografie gepflegt: Rollenfotos von Tilla Durieux, Paul Wegener, Henny Porten und vielen anderen sind überliefert; auch Porträtfotografie in freier Natur war eine Spezialität von Becker & Maaß; solche Aufnahmen sind heute noch z.b. im Joods Historisch Museum, Amsterdam zu finden; auch Reklamefotografie wurde bei Becker & Maaß arrangiert.

2 *wartet sie auf die Falte zwischen meinen Brauen*: von den überlieferten Porträtfotos Else Lasker-Schülers wird bis heute am häufigsten das 1909 entstandene und für die Ankündigung für Lesungen im »Verein für Kunst« veröffentlichte Porträt im Profil gezeigt, nicht das am gleichen Tag entstandene Foto en face, mit der Falte zwischen den Brauen; vgl. den Band: »Else Lasker-Schüler 1869-1945«. Bearbeitet von Erika Klüsner und Friedrich Pfäfflin = Marbacher Magazin. Doppelheft 71/ 1995, S. [62] und [63], vgl. auch das Foto auf S. 95 [3].

16. FRANZISKA SCHULTZ
Textgrundlage: »Essays« (1920), S. 85) Erstdruck: Der Sturm. Berlin, Jg. 1, Nr. 51 vom 18. Februar 1911. S. 407.

1 *Franziska Schultz*: war Mitglied im »Bund für Mutterschutz und Sexualreform«, 1905 von Helene Stöcker (1869-1943) gegründet und 1908 in »Deutscher Bund für Mutterschutz« umbenannt, der sich um unverheiratete Mütter und deren Kinder kümmerte; seit 1909 war Franziska Schultz für die Ortsgruppe Berlin als Leiterin der Mütterberatungsstelle und seit 1911 für die praktische Arbeit des Bundes verantwortlich; 1910- 1913 verfasste sie Berichte über die Arbeit eines Mutterschutzhauses in Berlin-Pankow; beteiligte sich auch an einer Umfrage zu einem Gesetzentwurf »zur Bekämpfung der Kurpfuscherei«, gegen Verhütung und Abtreibung„ deren Ergebnisse in der Zeitschrift »Der Sturm« ab 4. März 1911 veröffentlicht wurden, trat dort für die »Erziehung des Volkes zur Selbstzucht« und einem damit erhofften »besseren und reineren Familienleben« ein.

17. DOKTOR BENN
Textgrundlage: »Essays« (1920), S. 21f. Erstdruck: Die Aktion. Berlin, Jg. 3, Nr. 26 vom 25. Juni 1913. Spalte 639. [Mit einer Porträtzeichnung von Else Lasker-Schüler.]

1 *Doktor Benn*: Gottfried Benn (1886-1956), Arzt und Dichter, studierte ab 1905 sechs Jahre an der Kaiser-Wilhelm-Akademie für das militärärztliche Bildungswesen in Berlin Medizin; legte im Oktober 1911 sein medizinisches Staatsexamen ab, promovierte 1912 mit einer Arbeit »Über die Häufigkeit von Diabetes mellitus im Heer« zum Doktor der Medizin; Sommer 1912 Arzt bei einem Pionierbataillon in Berlin-Spandau, danach aus gesundheitlichen Gründen Abschied vom Militär; Assistentenstellung in der Pathologie der »Westend-Klinik am Spandauer Damm« in Berlin-Charlottenburg; übernahm Ende 1913 die Leiterstelle der Pathologie des Gynäkologischen Krankenhauses Charlottenburg; Benn war im Ersten Weltkrieg Militärarzt und als solcher Arzt für Haut- und Geschlechtskrankheiten; als er erkrankte, musste er am im 1. September 1917 aus dem Militärdienst entlassen werden; ab November 1917 hatte er eine Praxis in der Belle-Alliance-Straße 12, Ecke Yorckstraße; vgl. dazu und zum weiteren Leben Benns Joachim Dyck: »Benn in Berlin«. Berlin: Transit Buchverlag, 2010.

2 *sein Gedichtband Morgue*: Benns erste Veröffentlichung, ein Zyklus von vier Gedichten, löste als »21. Flugblatt des Verlages Alfred Richard Meyer« in Berlin 1912 wegen der darin enthaltenen Szenen aus dem Leichenschauhaus Entrüstung aus, machte Benn aber auch als avant-

gardistischen Dichter schlagartig bekannt; Else Lasker-Schüler lernte ihn in dieser Zeit kennen, nannte ihn »Giselheer« (Giselher hieß der jüngste der drei burgundischen Könige des »Nibelungenliedes«); es begann eine Beziehung als heftiges Hingezogensein beiderseits, das sich bei Else Lasker-Schüler in einer Reihe von Liebesgedichten äußerte, die 1913/14 in verschiedenen Berliner Zeitschriften veröffentlicht wurden: »Das neue Pathos«, »Die Aktion«, »Die neue Kunst«, »Frankfurter Zeitung« und »Handelsblatt«, »Die Schaubühne« und in »Die Weißen Blätter« (Leipzig); Benn verarbeitete in verschiedenen Abschnitten des Zyklus »Alaska« seine Begegnung mit Else Lasker-Schüler und veröffentlichte diese Gedichte ebenfalls 1913 in: Die Aktion; Benns zweiter Gedichtband »Söhne« erschien im Oktober 1913 mit einer gedruckten Widmung für Else Lasker-Schüler; enthält im Erstdruck das Gedicht »Hier ist kein Trost«, das den lyrischen Dialog mit Else Lasker-Schüler beendete; während der gemeinsamen Berliner Jahre blieb eine lockere Verbindung zwischen ihm und der Dichterin bestehen, die erst 1933, nach Benns vorübergehender Sympathie für nationalsozialistische Ideen, mit ihrer Flucht in die Schweiz am 19. April 1933 von Else Lasker-Schüler beendet wurde; Gottfried Benn sprach 1952 in einer Rede zu seinen »Erinnerungen an Else Lasker-Schüler«, die er am 23. Februar im Berliner »British Center« auf einer Gedenkfeier zum siebten Todestag der Dichterin hielt.

Vgl. zu Else Lasker-Schüler und Gottfried Benn besonders: »Liebender Streit. Gottfried Benn und Else Lasker Schüler«.Herausgegeben von Rüdiger Sareika. Iserlohn 2002, als Publikation der Ev. Akademie Villigst, und Helma Sanders-Brahms: »Gottfried Benn und Else Lasker-Schüler. Giselheer und Jussuf«. Berlin: Rowohlt 1997.

3 *der dichtende Kokoschka*: Oskar Kokoschka (1886-1980), expressionistischer Maler, Graphiker und Schriftsteller; Else Lasker-Schüler hatte ihn 1910 kennen gelernt und nach seiner ersten, von Herwarth Walden vermittelten und Paul Cassirer veranstalteten Ausstellung in Berlin (vom 21. Juni bis zum 11. Juli 1910), einen Essay über ihn geschrieben: »Kokoschka«, in: Der Sturm. Berlin, Jg. 1, Nr. 21 vom 21. Juli 1910. S. 166.

18. DOKTOR MAGNUS HIRSCHFELD

Textgrundlage: »Essays« (1920), S. 29-31. Erstdruck: Züricher Post und Handelszeitung. Zürich, Jg. 40, Nr. 317 (Morgen-Ausgabe) vom 10. Juli 1918.

1 *Doktor Magnus Hirschfeld*: Magnus Hirschfeld (1868-1935), Sexualforscher und Sexualreformer, Mitbegründer der ersten Homosexuellen-Bewegung; Facharzt für nervöse und psychische Leiden in Berlin, gründete 1918 das Berliner »Institut für Sexualwissenschaft«; im Juli 1919 konnte er es mit dem Dermatologen Friedrich Wertheim und dem Nervenarzt und Psychotherapeuten Arthur Kronfeld, der das wissenschaftliche Eröffnungsreferat hielt, in der Beethovenstraße 3 eröffnen; Hirschfeld wurde schon seit 1920 von Rowdys belästigt, seine Vorträge seit 1926 zunehmend gestört, war 1926 in der Sowjetunion und 1931 in den USA auf Vortragsreise, dann in Frankreich, wo er bis zu seinem Tode blieb; sein Berliner Institut wurde 1933 geschlossen. Sein wichtigster Beitrag zur neuen Wissenschaft ist die Lehre von den sexuellen Zwischenstufen, alle Männer und Frauen sind demnach einzigartige unwiederholbare Mischungen männlicher und weiblicher Eigenschaften; Herausgeber des »Jahrbuchs für sexuelle Zwischenstufen« (1889-1923).

2 *am Donnerstag, 11. Juli [...] in Zürich sprechen hören*: Magnus Hirschfeld hielt am 11. Juli 1918 in Zürich einen Vortrag zum Thema »Liebe und Wissenschaft«, zu dieser Zeit hielt sich Else Lsker-Schüler gerade in Zürich auf.

3 *Mitten im Tiergarten [...] wohnt Sanitätsrat Dr. Magnus Hirschfeld:* »Die große dreistöckige Villa war ursprünglich für den Violinvirtuosen Joseph Joachim gebaut worden und hat-

te dann dem preußischen Gesandten in Frankreich gehört. Außer Hirschfelds eigener Wohnung und ärztlichen Praxis beherbergte das Gebäude noch mehrere sexualwissenschaftliche Abteilungen: 1. Psychotherapie, 2. somatische Sexualmedizin, 3. forensische Sexologie, 4. Gynäkologie und Eheberatung, 5. sexualethnologisches Archiv, 6. Büro der Weltliga für Sexualreform, 7. Bibliothek und 8. Vortragssaal (Ernst-Haeckel-Saal). 1924 wurde das Institut in eine Stiftung umgewandelt mit Hirschfeld als ihrem lebenslangen Direktor.« (Magnus-Hirschfeld-Archiv, Humboldt-Universität)

4 *von den vielen berühmten Büchern*: Von Magnus Hirschfeld waren bis 1918 unter anderem erschienen: »§ 175 des Reichsstrafgesetzbuches:die homosexuelle Frage im Urteile der Zeitgenossen« (1898); »Was muss das Volk vom Dritten Geschlecht wissen!« (1901); »Berlins Drittes Geschlecht« (1904); »Naturgesetze der Liebe: Eine gemeinverständliche Untersuchung über den Liebeseindruck, Liebesdrang und Liebesausdruck.« (1914); »Die Homosexualität des Mannes und des Weibes« (1914); »Warum hassen uns die Völker?« (1915); »Kriegspsychologisches« (1916); »Sexualpathologie. Ein Lehrbuch für Ärzte und Studierende« (1916-1920).

5 *seinen unvergleichlichen interessanten Vorträgen*: Zwischen 1900 und 1903 wurde Magnus Hirschfeld z.B. zu Vorträgen in die »Neue Gemeinschaft« nach Schlachtensee eingeladen, die auch Else Lasker-Schüler besuchte.

19. MEIN JUNGE

Textgrundlage: »Konzert« (1932), S. 275-282. Erstdruck: Uhu. Berlin, Jg. 5, H. 9, vom Juni 1929. S. 73-77. Dort mit dem Zusatz »Gedenken einer Mutter. Mit Zeichnungen ihres Sohnes« und dem Abdruck von fünf Zeichnungen von Paul Lasker-Schüler.

1 *Mein Junge*: Paul Lasker-Schüler, einziger, geliebter Sohn von Else Lasker-Schüler, am 24. August 1889 in Berlin geboren, am 14. Dezember 1927 in Berlin gestorben; die Mutter bestritt bei der Scheidung von ihrem ersten Ehemann, dem Arzt Berthold Lasker (1860-1928) im Jahre 1903, dass er der Vater des Kindes sei, welches er als solches anerkannt hatte. Das Gedicht »Meinlingchen«, zuerst 1902 in der Sammlung »Styx« mit dem Zusatz »(Meinem Jungen zu eigen)« erschienen, widmete sie in den »Gesammelten Gedichten« 1917 »Dem Prinzen Alcibiades de Rouan«, von dem Else Lasker-Schüler gegenüber Karl Kraus einmal angab, dass er ein Grieche, der Vater Pauls und gestorben sei.

2 *Lothar Homeyer*: Berliner Maler (1883-1970), Freund Herwarth Waldens.

3 *in unserer Katharinenstraße in Halensee*: Zwischen 1903 und 1912 war Else Lasker-Schüler in zweiter Ehe mit dem Komponisten, Schriftsteller und Herausgeber der Zeitschrift »Der Sturm«, Herwarth Walden verheiratet; das Paar lebte seit 1908 in Halensee, Katharinenstraße 5.

4 *die alte Frau Müller*: neben anderen Kinderfrauen hatte Paul Lasker-Schüler zeitlebens die Liebe und Fürsorge von Hedwig Grieger, die auch der »Frau Doktor« zur Seite blieb, als sie sich von dem Arzt Dr. Berthold Lasker trennte.

5 *elektrische Kohle, vor den Laternen der Trottoire*: mit elektrischer Kohle wurden die Gaslaternen angezündet.

6 *»Raben gemalen, der Fleisch stehlt«*: Pauls zeichnerische Begabung, die er wohl von der Mutter geerbt hatte, zeigte sich schon früh und wurde von ihr nach Kräften gefördert; Paul besuchte ab 1910 verschiedene, ausgesuchte Schulen: das Landerziehungsheim Schloß Drebkau, die Odenwaldschule und das Landschulheim Dresden-Hellerau; ab Herbst 1915 erhielt er ein Jahr lang Privatunterricht bei dem Akademieprofessor Hermann Groeber in München; einige veröffentlichte Zeichnungen von Paul Lasker-Schüler: »Faitelowitz«, in:

Neue Jugend. Eine Zeitschrift für moderne Kunst und jungen Geist [Berlin-Halensee]. Jg. 1, H. 2 vom April 1914. S. 7; »Der Triumphator«, in: Die Aktion. Jg. 5, Nr. 51 vom 18. Dezember 1915. Spalte 654; »Nochmals: Der Triumphator«, in: Die Aktion. Jg. 6, Nr. 9/10 vom 4. März 1916. Spalte 126 und »Rudolf Schmied«, in: Die Aktion. Jg. 6, Nr. 39/40 vom 30. September 1916. Spalte 551; 1925 veröffentlichte die Zeitschrift »Die Dame« in ihrem 3. Aprilheft (16. Heft), S. 2 eine Illustration zu Else Lasker-Schülers Gedicht »Paule« , 1926 waren Zeichnungen von Paul Lasker-Schüler in der Zeitschrift »Gebrauchsgraphik. Monatsschrift zur Förderung künstlerischer Reklame« zu sehen; eine Porträtzeichnung seiner Mutter zierte 1932 die Ausgabe der Prosasammlung »Konzert«, aber alle ihre Versuche, ihrem begabten Sohn eine feste Anstellung als Zeichner, z.B. in der Zeitschrift »Simplicissimus« in München zu vermitteln, scheiterten; auch als Schauspieler blieb er ohne Engagement; Paul Lasker-Schüler lebte abwechselnd in Berlin, Zürich, Wien und München, mit und ohne die Mutter; 1925 erkrankte er in München an Tuberkulose; es folgten lange Krankenhausaufenthalte und Behandlungen in Sanatorien in Agra, Lugano und Davos; im August 1927 wird Paul auf seinen Wunsch in ein Berliner Krankenhaus gebracht; Ende September kann die Mutter das Atelier des ihr bekannten Bildhauers Jussuf Abbo in der Kaiserin-Augusta-Straße 51, Berlin-Tiergarten, mieten, wo sie und Pauls Kindermädchen Hedwig Grieger ihren Sohn betreuen; er stirbt am 14. Dezember 1927 und wird am 18. Dezember auf dem Jüdischen Friedhof Weißensee beigesetzt.

7 *Café des Westens*: Vgl. Anm. 5.1

8 *Professor Manzel*: Ludwig Manzel (1858-1938), Bildhauer und Illustrator, 1912-1918 Präsident der Preußischen Akademie der Künste.

9 *seinem alten Freunde*: Hermann Groeber (1865-1935).

10 *Karl Arnold*: Karl Arnold (1883-1953) Karikaturist, Zeichner und Maler, ständiger Mitarbeiter des »Simplicissimus« in München; veröffentlichte in seiner Zeitschrift 1926 eine Zeichnung von Paul Lasker-Schüler.

11 *Tausende und aber Tausende von Zeichnungen, Uebungen [...] liegen in Koffern geordnet*: Herbert Fritsche (1911-1960), Autor und Herausgeber auf den Gebieten der Medizin, Esoterik und Literatur, schrieb über Paul Lasker-Schülers Zeichnungen, die ihm Else Lasker Schüler 1931 gezeigt hatte, in: Das Tagebuch (Berlin). Jg. 12, Heft 49 vom 5. Dezember 1931. S. 1910. Die meisten Zeichnungen Paul Lasker-Schülers befinden sich heute im Nachlass der Mutter in der Jerusalemer National Library of Israel; 1938, in der Zeit ihres Schweizer Exils in Zürich (1933-1939), veranstaltete auf ihr Betreiben das von Rose Schindler dort geleitete »Künstlerhaus am Hirschengraben« (Hirschengraben 78) eine Ausstellung mit Zeichnungen Pauls. Nachdem sie ihr Kinderzeichnungen ihres Sohnes gezeigt hatte, korrespondierte Else Lasker-Schüler zwischen 1935 und 1937 mit der Psychologin Franziska Baumgarten (1883-1970), die an der Universität Bern arbeitete. Baumgarten schrieb über Paul Lasker-Schüler den Aufsatz »Supranormales Zeichnen eines Kindes«, der in der Zeitschrift für Kinderpsychiatrie [Basel], Jg. 2, H. 6 vom Februar 1936, S. 182-189 veröffentlicht wurde.

12 *Franz Marc*: vgl. Anm. 6.1. Franz Marc wollte sich nach dem Ersten Weltkrieg des begabten Jungen annehmen, dazu kam es jedoch nicht mehr, weil er Anfang März 1916 bei Verdun fiel.

13 *George Grosz*: George Grosz (1893-1959), Berliner Maler und satirischer Zeichner, emigrierte 1932 in die USA.

14 *Gottfried Benn*: Gottfried Benn war auch anwesend, als am 18. Dezember 1927 Paul Lasker-Schüler auf dem Jüdischen Friedhof in Weißensee beigesetzt wurde.

15 *Tropfen spanischen Blutes*: die Vorfahren der Mutter Else Lasker-Schülers, Jeanette Schüler (1838-1890), sollen aus Spanien stammen.

16 *Frank Wedekind*: Frank Wedekind (1864-1918), Schauspieler und Dramatiker, vgl. Anm. 13.9.

17 *Tilly*: Tilly Wedekind (1886-1970), Schauspielerin, verheiratet mit Frank Wedekind, spielte zuerst in dessen Stücken »Frühlings Erwachen« und »Lulu«.

18 *König David saß in meinem Zimmer*: David – König von Juda , nach seinem Vorgänger Saul auch zeitweise von Israel, lebte um 1000 v. Chr.; gilt als Verfasser zahlreicher Psalmen. – Else Lasker-Schüler konsultierte zu diesem Ereignis einer Erscheinung und zu weiteren Gesichten, die sie hatte, im März 1933 den Berliner Psychologen, Professor Max Dessoir (1867-1947), der sich mit parapsychologischen und okkultistischen Fragen beschäftigte und über den modernen Hypnotismus schrieb.

20. BRIEF AN KORRODI

Textgrundlage: »Gesichte« (1920), S. 101-108. Erstdruck: Frankfurter Zeitung und Handelsblatt, Jg. 63, Nr. 291 (Erstes Morgenblatt), vom 18. April 1919. S. 1f (dort »Brief an einen Schweizer Freund«).

1 *Korrodi*: Eduard Korrodi (1885-1955), Schweizer Literaturkritiker; 1914-1951 Feuilletonredakteur der »Neuen Zürcher Zeitung«; Korrodi war einer der Kontaktpersonen in der Schweiz, wo sich Else Lasker-Schüler zu Lesungen und Erholungsaufenthalten zwischen 1916/1917 und 1927 mehrmals aufhielt; von 1933 bis 1939 lebte sie als Emigrantin in Zürich; auch ihr Sohn Paul lebte zeitweise in Zürich und war zuletzt in Lungenheilstätten der Schweiz.

2 *Bundesrat*: Vielleicht meint Else Lasker-Schüler hier Albert Meyer (1870-1953), Jurist, Volkswirt und Schweizer Politiker, der 1915-1929 Hauptschriftleiter der »Neuen Zürcher Zeitung« und Mitglied des schweizerischen Nationalrats war; erst von 1929-1938 war er eines der sieben Mitglieder im Bundesrat.

3 *in Berlin das Fräulein Schweizergesandtschaft*: Der heutige Sitz der Schweizer Botschaft wurde durch den Architekten Friedrich Hitzig in den Jahren 1870/71 als privates Stadtpalais im Alsenviertel errichtet; 1910/1911 integrierte der Architekt Paul Otto August Baumgarten diesen Vorgängerbau in die neoklassizistische Villa Kunheim.; die Schweizerische Eidgenossenschaft erwarb 1919 das Gebäude; nach Umbauten diente es ab 1920 als Kanzlei der Schweizer Gesandtschaft sowie als Residenz des Gesandten. Das Botschaftsgebäude befindet sich heute an der Otto-von-Bismarck-Allee, in der Nähe des Bundeskanzleramts.

4 *wartet das belehrte Fräulein mit mir Tag und Nacht auf mein Visum*: Nach dem Ersten Weltkrieg wurde erst im Jahre 1926 der Visumzwang für Reisen deutscher Staatsbürger in die Schweiz und andere Nachbarstaaten wieder aufgehoben.

5 *Sanitätsrat Magnus Hirschfeld*: vgl. Text 18.

6 *Max Gubler*: Max Gubler (1898-1973), Schweizer Maler, mit Else und Paul Lasker-Schüler seit 1917/1918 befreundet.

7 *Melchior Knecht alias Walter Meier*: Walther Meier (1898-1982), Kritiker und Essayist in Zürich. Verlagslektor, Leiter des Manesse Verlags.

8 *Hodlers Gemälde*: Ferdinand Hodler (1853-1918), Schweizer Landschafts- und Porträtmaler des Jugendstils.

9 *Moissi*: Alexander Moissi, vgl. Anm. 13.9.

10 *Edison*: Thomas Alva Edison (1847-1931), Erfinder der Glühlampe.

11 *Locarnos Funicolare; Paolo Pedrazzini hat sie erbaut*: Zahnradbahn, die aber nicht Paolo (1889-1916), sondern dessen Vater Giovanni Pedrazzini (1852-1922) im Jahre 1906 erbaut hat; Paolo Pedrazzini regte den Bau einer weitergehenden Seilbahn an, war außerdem Kommunalrat in Locarno, und als solchen hatte Else Lasker-Schüler ihn 1918 kennen gelernt.

12 *Frank Wedekind*, vgl. Anm. 13.9.

13 *Meines Halbbruders des blauen Reiters Franz Marcs geheiligter Leib wurde vor einiger Zeit über-führt:* Franz Marc, vgl. Anm. 6.1; im Ersten Weltkrieg wurde er 1916 in die Liste der bedeutendsten Künstler Deutschlands aufgenommen und damit vom Kriegsdienst befreit; er fiel an seinem letzten Einsatztag, am 4. März 1916, knapp 20 Kilometer östlich von Verdun und wurde am nächsten Morgen im Park des Schlosses Gussainville bei Braquis beigesetzt; 1917 ließ Maria Marc seinen Leichnam nach Kochel am See überführen, wo die Familie Marc wohnte.

14 *Tage der Revolution:* Novemberrevolution 1918, in deren Folge Kaiser Wilhelm II. abdankte und Karl Liebknecht am 9. November 1918 vom Balkon des Berliner Schlosses die freie sozialistische Republik ausrief.

15 *dichte ich auch wieder von Theben:* vgl. Anm. 4.7.

16 *mein Neger Ossman:* auch Oßman: vgl. Anm. 4. 4.

17 *Filialen Grohs:* Berliner Lebensmittelgroßhandlung, 1888 gegründet, wies in Anzeigen auf ihre vielen Filialen hin.

18 *Theodor Wolff:* Theodor Wolff (1868-1943),1906-1933 Chefredakteur des »Berliner Tageblatts«; schrieb täglich Leitartikel; nach dem Reichstagsbrand 1933 wurde er entlassen und floh über München zunächst nach Tirol, dann in die Schweiz, erhielt keine Aufenthaltsgenehmigung, ließ sich Ende 1933 mit seiner Frau in Nizza nieder; wurde am 26. Oktober 1937 ausgebürgert; betrieb nach der Niederlage Frankreichs am 22. Juni 1940 erfolglos die Auswanderung nach Amerika; Zivilbeamte der deutschen Besatzungsmacht verhafteten ihn am 23. Mai 1943, übergaben ihn der Gestapo; er wurde über ein Marseiller Gefängnis und das Sammellager Drancy in das KZ Sachsenhausen bei Oranienburg eingeliefert, erkrankte an Phlegmone, wurde auf Bitten der Mithäftlinge am 20. September 1943 in das seit 1914 in der Weddinger Schulstraße bestehende Jüdische Krankenhaus verlegt; starb dort nach drei Tagen; ist in der Ehrenreihe des Jüdischen Friedhofs in Berlin Weißensee beigesetzt worden; Else Lasker-Schüler publizierte von 1903 bis 1932 Gedichte und Prosa im »Berliner Tageblatt«.

19 *Jerusalemer Straße:* dort befand sich das Verlagshaus Mosse, das seit 1872 das »Berliner Tageblatt« verlegte; heute befindet sich dort das Verlagshaus Axel Springer.

20 *einen der feinsinnigsten Essayisten der Literatur:* Publikationen bis 1918, unter anderem: »Enrica von Handel-Mazzetti. Die Persönlichkeit und ihr Dichterwerk« (1909); »Das poetische Zürich. Miniaturen aus dem 18. Jahrhundert« (mit Robert Faesi, 1913); »Schweizerische Literaturbriefe« (1918).

21. EIN OFFENER BRIEF AN FINANZMINISTER DR. REINHOLDT

Textgrundlage: »Konzert« (1932), S. 144-147. Erstdruck: Berliner Börsen-Courier. Berlin, Jg. 59, Nr. 247 (Morgen-Ausgabe), vom 29. Mai 1927, 2. Beilage. S. 9. [Nachtrag zu einer Reihe von offenen Briefen, die unter dem Titel »Kundgebungen aus der Zeit« am 17. April (Ostersonntag) im Berliner Börsen-Courier erschienen waren, unter anderem von Bruno Frank, Walter Hasenclever, Leopold Jessner und Heinrich Mann.]

1 *Finanzminister Dr. Reinholdt:* Peter Reinholdt (1887-1955), Politiker und Schriftsteller, leitete von 1913-1921 den Verlag des »Leipziger Tageblatts«; 1920 und 1924-1926 sächsischer Finanzminister, 1926-1927 Reichsfinanzminister.

2 *meinem alten Kamel: Amm in meinen ramponierten Palast zurück:* das Kamel »Amm« gehört wie der »Palast« zum poetischen Reich Theben, vgl. Anm. 4.8.

3 *meiner bunten, aber ganz zerfallenen Stadt Theben:* vgl. Anm. 4.7.

4 *Ich habe 15 Bücher gedichtet:* 1. »Styx« (Gedichtsammlung, 1902); 2. »Der siebente Tag. Gedichte« (1905); 3. »Das Peter-Hille-Buch« (Prosa, 1906); 4. »Die Nächte der Tino von

Bagdad« (Prosa, 1907); 5. »Die Wupper. Schauspiel in fünf Aufzügen« (1909); 6. »Meine Wunder. Gedichte« (1911); 7. »Mein Herz. Ein Liebesroman mit Bildern und wirklich lebenden Menschen« (1912); 8. »Hebräische Balladen« (1913); 9. »Gesichte. Essays und andere Geschichten« (1913); 10. »Der Prinz von Theben. Ein Geschichtenbuch« (1914); 11. »Die gesammelten Gedichte« (1917); 12. »Der Malik. Eine Kaisergeschichte mit Bildern und Zeichnungen« (Prosa, 1919); 13. »Der Wunderrabbiner von Barcelona« (Prosa, 1921); 14. »Theben. Gedichte und Lithographien« (1923); 15. »Ich räume auf! Meine Anklage gegen meine Verleger« (1925).

5 *Brochure gegen meine Verleger*: in der Anklageschrift werden Verleger mit Name und Adresse genannt, die ihre Autoren, besonders während der Inflation, zu übervorteilen schienen; bereits 1923 und bis 1931 las die Verfasserin mit großem Erfolg öffentlich aus dem Manuskript; 1925 konnte das Buch nur im Selbstverlag erscheinen; in mehreren Berliner Zeitungen waren Zustimmung und Widerspruch zu lesen.

6 *meine thebetanische Spielkrone*: Requisit des »Prinzen von Theben«, vgl. Anm. 4.8.

7 *Jupiter Däublers: Râh*: Theodor Däubler (1876-1934), Schriftsteller; der zweite Teil seines Hauptwerks »Das Nordlicht« hat den Titel »Sahara«; Else Lasker-Schüler schrieb über ihn »Unser Spielgefährte Theodorio Däuber«, in: Gesichte (1920), S. 99.

8 *Der Schriftstellerverband ward neu tapeziert*: Seit 1909 gab es den »Schutzverband deutscher Schriftsteller«, 1925 hatte er 1651 Mitglieder, unter ihnen war auch Else Lasker-Schüler; 1927 wurde ein »Reichsverband des deutschen Schrifttums« gegründet.

9 *Dichterlaubenkolonie*: 1926 kam es in der Preußischen Akademie der Künste in Berlin, dessen Präsident der Maler Max Liebermann war, zur Gründung einer Sektion Dichtkunst; auf Geheiß des preußischen Kultusministers schlug Liebermann fünf ordentliche Mitglieder der Akademie vor: Gerhart Hauptmann, Arno Holz, Stefan George, Thomas Mann und Ludwig Fulda.

10 *Buddenbroks and son!*: Der Autor des Romans »Die Buddenbrooks« (1901), Thomas Mann (1875-1955), war Gründungsmitglied der Sektion Dichtkunst.

11 *Fulda*: Ludwig Fulda (1862-1939), Schriftsteller und Übersetzer, Gründungsmitglied der Sektion und Vorsitzender des Senats für Dichtkunst.

12 *Ricarda*: Ricarda Huch (1864-1947), Schriftstellerin, Gründungsmitglied des Sektion für Dichtkunst, und stellvertretende Vorsitzende der Sektion.

13 *Saulus Werfel Rabunâ*: Franz Werfel (1890-1945), Schriftsteller, wurde 1926 Mitglied in der Sektion Dichtkunst, vgl. Anm. 7; Werfel hatte 1926 das Drama »Paulus unter den Juden« veröffentlicht.

14 *Hauptmann*: Gerhart Hauptmann (1862-1946), naturalistischer und sozialkritischer Dramatiker, trat erst 1928 der Sektion für Dichtkunst bei, 1926 hatte er abgelehnt.

15 *Benzmann*: Hans Benzmann (1869-1926), wurde vor allem als Herausgeber von Anthologien bekannt, darunter: *Die moderne deutsche Lyrik* (1904) und *Die deutsche Ballade* (1913).

16 *Holz*: Arno Holz (1863-1929), Theoretiker des Naturalismus, war Gründungsmitglied der Sektion Dichtkunst.

17 *Gott Leonard*: Leonard Frank (1882-1961), sozialkritischer Schriftsteller, wurde 1928 Mitglied der Sektion Dichtkunst.

18 *der Mensch ist gut im Backenbart*: ironisch auf Leonard Franks Novellenzyklus »Der Mensch ist gut« (erschienen 1917) und auf seinen Bart bezogen.

22. STADT, BUCH UND LÄDEN

Textgrundlage: »Konzert« (1932), S. 165-168. Erstdruck: Berliner Tageblatt. Berlin, Jg. 58, Nr. 182 (Morgen-Ausgabe), vom 18. April 1928.

1 *Lux*: Seifenmarke, hergestellt von der Sunlicht-Seifen-AG, 1899 von William Hesketh Lever in Mannheim gegründet; Sunlicht-Seifenfabrik AG; bis heute auf dem Markt.

2 *Persil*: Marken-Waschmittel des Henkel-Konzerns, benannt nach seinen ursprünglichen Hauptbestandteilen Perborat (Natriumperborat, als Bleichmittel) und Silikat (Natriumsilikat, als Schmutzlöser);erstes selbsttätiges Waschmittel, dessen chemische Zusammensetzung das Lösen des Schmutzes ohne mechanisches Zutun ermöglicht; seit 1907 im Handel.

3 *meinem Vater*: Aron Schüler (1825-1897), Else Lasker-Schülers Vater, Bankier in Elberfeld, wegen seiner lustigen Streiche von ihr auch der »Till Eulenspiegel« von Elberfeld genannt.

4 *100 Jahre Gebrüder Friedländer*: R. Friedländer & Sohn, Buchhandlung und Antiquariat, gegründet in Berlin-Charlottenburg, feierte am 14. November 1928 sein 100jähries Bestehen; Julius Friedländer (1827-1882) hatte nach 1851 durch Ankauf großer Privatbibliotheken (auch im Ausland) dem Antiquariat zur Weltgeltung verholfen; 1928 waren seine Inhaber die Brüder Paul und Kurt Budy.

5 *Der Senior des kostbar verbrämten Spielladens Unter den Linden*: der Senior: wohl Julius Friedländer; vermutlich ist eine Filiale des Antiquariats Unter den Linden gemeint.

23. RUNDFRAGE

Textgrundlage: »Konzert« (1932), S. 150. Erstdruck: Dem Abdruck liegt wahrscheinlich ein Zeitschriftendruck zugrunde, Näheres konnte nicht ermittelt werden.

1 *Paragraph 218*: Die Abschaffung des Paragraphen 218, der die Abtreibung unter Strafe stellt, wird seit 1909 immer wieder gefordert; der Arzt und Schriftsteller Friedrich Wolf (1888-1953) leitete 1929 mit seinem Drama »Cyancali« eine ausgedehnte Diskussion über den Abtreibungsparagraphen ein: Künstler und Künstlerinnen sowie Schriftsteller und Schriftstellerinnen nahmen Stellung, Ärztinnen und Ärzte beteiligen sich an der Kontroverse; im Februar 1932 spitzte sich der Protest noch einmal zu, weil Wolf und seine Kollegin Else Kienle vorübergehend verhaftet wurden; sie leiteten in Berlin eine kostenlose Beratungsstelle des Reichsverbandes für Geburtenregelung und Sexualhygiene.

24. AN DAS RUSSISCHE CABARET «DER BLAUE VOGEL«

Textgrundlage: »Konzert« (1932), S. 95. Erstdruck: Berliner Börsen-Courier. Berlin, Jg. 55, Nr. 611 (Morgen-Ausgabe) vom 31. Dezember 1922, 1. Beilage. S. 6.

1 *das russische Cabaret »Der blaue Vogel«*: Gemeint ist das »Russisch-Deutsche Theater Der Blaue Vogel« (»Sinjaja ptica«: das russische »sinij« bezeichnet dunkelblau, romantisch, tiefgründig); das Theater wurde Ende 1921 von russischen Emigranten nach seinem Erfinder als »J. Jushny's Theater« in Schöneberg, Goltzstraße 9 gegründet; aus einem Hinterhofkino entstand ein kleines Theater mit zwei Rängen und 200 Parkettplätzen; das Programm war ein aus etwa 44 Bildern bestehendes Theaterstück, faszinierend vielgestaltig: schwermütige Lieder und überschäumende Tänze aus Russland, Gaunerlieder aus dem Kaukasus, Wiener Kitschszenen, parodistische Nummern über deutsches Kneipen- oder amerikanisches Bürotreiben oder gleich das bunteste Chaos, das als »russisches Spielschächtelchen« präsentiert wurde. Das Cabaret existierte als einziges russisches Theater in Berlin von der Premiere am 20. Dezember 1921 – mit Unterbrechungen – bis 1945.

»Gute 80 Nummern umfaßte das Repertoire des ›Blauen Vogel‹. Mit ihm konnte er im Juni 1928 bereits auf 1800 Vorstellungen in Deutschland (und das heißt: nicht nur in Berlin), 100 in den USA, 200 in der Schweiz. 220 in Holland etc. zurückblicken. In Spanien und Litauen, Schweden und Jugoslawien, überall hatte der ›Blaue Vogel‹ seine Federn gespreizt und die Menschen entzückt. ›Der Blaue Vogel ist das Herrlichste, was man hier in der Welt sehen kann‹, schwärmte Else Lasker-Schüler, und mit dieser Begeisterung stand sie nicht allein.«

2 *Großfürst Jushny*: J. Jushny, Begründer des Theaters »Der blaue Vogel«; im vorrevolutionären Russland gefeierter Charakterdarsteller; erste Versuche mit Kleinkunst, stand am Beginn einer zweiten, großen Karriere, durch die Revolution unterbrochen; 1920 Emigration nach Berlin; hier hatte er die Chance, seine Vorstellungen von einer in Ausstattung, Repertoire und Darstellung »prallen« Kleinkunstbühne zu verwirklichen. Zitiert nach: »Eine mit allem geistigen Comfort der Neuzeit ausgestattete Puppenstube«, nach: eurasischesmagazin. de, Ausgabe 01-06.

25. DIE LAMAS

Textgrundlage: »Konzert« (1932), S. 108-111. Erstdruck: Berliner Tageblatt. Berlin, Jg. 54, Nr. 182 (Morgen-Expreß-Ausgabe), vom 18. April 1925.

1 *Die Lamas*: Lamas – buddhistische Mönche aus Tibet; dort ist der Lamaismus, der Elemente des vorbuddhistischen Schamanismus aufgenommen hat, die vorherrschende Religion; am 30. März 1925 trafen buddhistische Mönche in Berlin ein, um am nächsten Tag im Kinosaal des »Theaters am Nollendorfplatz« zur Berliner Erstaufführung des Dokumentarfilms »Zum Gipfel der Welt« (über die dritte Mount Everest-Expedition im Jahre 1924) und vor Beginn weiterer Vorstellungen rituelle Tänze aufzuführen; sie stiegen im Hotel »Der Sachsenhof« ab.

2 *des Hotels »Der Sachsenhof«*: Hotel am Nollendorfplatz, Motzstraße 78; als »Boardinghouse« gegründet, also auf Langzeitaufenthalte seiner Gäste eingerichtet, kam es zu Beginn des 20. Jahrhunderts unter dem Namen »Hotel Koschel« in den Besitz von Heinrich Münch, der aus Elberfeld stammte und mit Else Lasker-Schülers Bruder, Moritz Schüler (1859-1907), befreundet war; das Hotel wurde nach 1926 in »Der Sachsenhof« umbenannt; von 1918 bis 1933 war es die Berliner Wohnung und Adresse der Dichterin; auch andere Künstler nahmen hier zeitweise Quartier: so Theodor Däubler, Walter Hasenclever und Oskar Kokoschka; das Hotel existiert noch heute und erinnert mit einer Tafel an seine berühmte Bewohnerin, wenn auch nicht ganz exakt in der Angabe der Dauer ihres Aufenthaltes: 1924 bis 1933 statt 1918 bis 1933.

3 *Bogdahan*: bedeutet »Heiliger Erleuchter«, Ehrenname der lamaistischen Oberhäupter der Mongolen.

26. IM GARTENHOF

Textgrundlage: »Konzert« (1932), S. 200-203. Erstdruck: Berliner Tageblatt. Berlin, Jg. 57, Nr. 26 (Abend-Ausgabe), vom 16. Januar 1928.

1 *Im Gartenhof*: des Hotels »Der Sachsenhof«.

2 *schon so manches erzählte*: vgl. die Prosatexte im Berliner Tageblatt: »Das Kind unter den Monaten«, Jg. 54, Nr. 369 (Abend-Ausgabe) vom 6. August 1925; »Die Bäume unter sich« Jg. 55, Nr. 268 (Abend-Ausgabe) vom 9. Juni 1926 und »Der Uhu«, Jg. 56, Nr. 251 (Morgen-Ausgabe) vom 29. Mai 1927 und den nächsten Text.

3 *einen Stockwerk hinuntergezogen in ein größeres Zimmer*: Else Lasker-Schüler bewohnte seit 1918 im zweiten Stock ein kleines Zimmer, nun im ersten Stock des Hotels ein größeres, immer auf der Gartenhofseite.

4 *nächste entlaubte Wacholderbaum* [...] *Eine einzige rote Beere*: Wacholderbäume sind immergrüne Gehölze und haben keine roten, sondern blau bis schwarze Beeren; gemeint ist der Ebereschenbaum, vgl. den nächsten Text.

Textgrundlage: »Konzert« (1932), S. 162-164. Erstdruck: Berliner Tageblatt. Berlin, Jg. 60, Nr. 615 (Abend-Ausgabe), vom 31. Dezember 1931.

1 *bin ihr Truchseß*: vom Hofamt des »Truchsess« in der mittelalterlichen Hofgesellschaft hergeleitet, ursprünglich die Bezeichnung für den Vorsteher der Hofhaltung und obersten Aufseher über die fürstliche Tafel.

2 *unseres lieben Hotels*: Hotel Sachsenhof.

28. DIE WAND

Textgrundlage: »Konzert« (1932), S. 42. Erstdruck: Zeitungsausschnitt unbekannter Herkunft; vermutlich aus der Zeit nach November 1918, als Else Lasker-Schüler das Hotel »Koschel«, später »Der Sachsenhof«, bezog.

1 *Gesetztafel vom Gipfel des himmlischen Felsens*: Im Alten Testament wird berichtet, dass Moses auf dem Berg Sinai das auf zwei steinerne Tafeln geschriebene göttliche Gesetz erhielt: die Gebote und Weisungen für das Volk Israel.

2 *meiner Psalme alte Blutauslese*: Else Lasker-Schüler stellt hier ihre Gedichte in die Tradition des alttestamentlichen Psalmendichters David, vgl. auch Anm. 19.17.

3 *deiner Seele Weinberg*: Im Alten Testament wird das Volk Israel als Gottes Weinberg und Weinstock bezeichnet.

4 *seitdem ich mein Zimmer bewohne*: im Hotel Sachsenhof.

29. DAS HEILIGE ABENDMAHL

Textgrundlage: »Konzert« (1932), S. 158-161. Erstdruck: Berliner Börsen-Courier. Berlin, Jg. 54, Nr. 603 (Morgen-Ausgabe) vom 25. Dezember 1921, 1. Beilage. S. 5.

1 *»Es war aus zartem Holz ein Tisch [...] war erstickt an so viel Gott«*: Else Lasker-Schüler beschreibt hier mit eigenen Worten die Einsetzung des Abendmahls, aber in Anführungszeichen, um sie als Überlieferung des Neuen Testaments kenntlich zu machen.

2 *Arib*: Aribert Wäscher (1895-1961), Schauspieler in Berlin; Else Lasker-Schüler schrieb für ihn das Gedicht »Aribert Wäscher«, in: Die Weltbühne. Berlin, Jg. 19, Bd. 1, Nr. 4 vom 25. Januar 1923. S. 107; Aribert Wäscher debütierte 1919 am Kleinen Theater, spielte am Deutschen Theater, im Lustspielhaus, an der Volksbühne, den Barnowsky-Bühnen und am Staatstheater, wo er bis Kriegsende blieb; nach Kriegsende 1945 spielte er in der Komischen Oper in Berlin die Rolle des Jupiter in »Orpheus in der Unterwelt«; Wäscher debütierte 1921 auch beim Film, wurde in Stummfilmen zu einem populären Nebendarsteller; mit der Einführung des Tonfilms und seiner Mitwirkung in Filmklassikern gelang ihm später der endgültige Durchbruch.

3 *Wacholderkarl*: Karl Hannemann (1895-1953), Schauspieler in Berlin; Else Lasker-Schüler widmete ihm das Gedicht »Der Hannemann«, in: Berliner Tageblatt. Berlin, Jg. 53, Nr. 271 (Morgen-Expreß-Ausgabe) vom 8. Juni 1924, 4. Beiblatt. Karl Hannemann gab 1914 sein Debüt am Berliner Schillertheater, stand auf verschiedenen Berliner Bühnen, dann von 1934 bis 1937 am Theater am Schiffbauerdamm, von 1940 bis 1941 am Deutschen Theater; beim Film wirkte er seit Beginn der dreißiger Jahre als Nebendarsteller in zahlreichen Produktionen mit; ab 1948 agierte er als Bühnenschauspieler wieder beim Deutschen Theater, ab 1948 am Schlossparktheater sowie am Schillertheater in West-Berlin.

4 *der kleine Doktor Silber, ein freudiger Jünger einer*: konnte nicht ermittelt werden.

5 *Judenjünger des Gottessohnes*: Else Lasker-Schülers Wortschöpfung »Judenjünger« bringt die Auffassung zum Ausdruck, dass die ersten Christen aus dem Judentum hervorgegangen sind und als Juden Jünger Jesus von Nazareth sein wollten, der ebenfalls ein Jude war.

6 *seines heiligsten Rabbunis Wein*: Rabbuni (hebr. Meister, Lehrer), für Rabbiner.

7 *Gabriel*: Erzengel, Hüter und Beschützer Israels.

8 *ewig mit euch zungenreden*: im Neuen Testament ist zwischen »Zungenreden« – dem persönlichen Reden und Gebet – und dem »prophetischen Reden« – dem lehrhaften Reden zu einer Gemeinde – unterschieden.

9 *Nicht die tote Ruhe* – : Unter dem Titel »An meine Freunde« leitet das den Text abschließende Gedicht Else Lasker-Schülers letzten Gedichtband »Mein blaues Klavier« (Jerusalem 1943) ein; es weist einige Abweichungen im Text auf.

30. DIE KREISENDE WELTFABRIK

Textgrundlage: »Konzert« (1932), S. 100-103. Erstdruck: Vossische Zeitung. Berlin, Nr. 180 (Sonntags-Ausgabe), vom 16. April 1922, 1. Beilage: dort ohne Titel, Beitrag zu »Berlin und die Künstler. Eine Umfrage«; weitere Beiträge schrieben unter anderen Lovis Corinth, Alfred Döblin, Bernhard Kellermann und Max Pechstein; auch verbreitet in: Berlin unter dem Scheinwerfer. Mit einem Titelbild von Prof. Dr. Max Liebermann. Herausgegeben von I. Landau im Auftrage der Centralstelle für den Fremdenverkehr Groß-Berlins. Berlin: Fichte-Verlag 1924, S. 89-93.

1 *Worpswede*: Ort östlich von Bremen; um 1884 entstand dort die »Worpsweder Künstlerkolonie«, deren Mittelpunkt der Maler Heinrich Vogeler (1872-1942) wurde; auch Rainer Maria Rilke hielt sich um die Jahrhundertwende dort auf, auch die Malerin Paula Modersohn-Becker (1876-1907) seit 1898 mehrere Male.

2 *von den Weinbergen meines Lebens*: vgl. Anm. 28.2-3.

Else Lasker-Schüler, am 11. Februar 1869 in Elberfeld (Wuppertal) geboren, am 22. Januar 1945 in Jerusalem gestorben, lebte seit 1894 in Berlin. Sie war mit dem Arzt Berthold Lasker in erster und mit dem Komponisten und Schriftsteller Herwarth Walden in zweiter Ehe verheiratet und hatte einen Sohn. Sie schrieb Gedichte, Prosa und Theaterstücke, zeichnete, malte und illustrierte manche ihrer Bücher. Schon vor dem Ersten Weltkrieg war sie eine zentrale Figur der künstlerischen Avantgarde in Berlin und die erste Dichterin der Moderne. Am 19. April 1933 emigrierte sie in die Schweiz, von dort unternahm sie mehrere Reisen nach Palästina. 1939, nach Beginn des Zweiten Weltkrieges, durfte sie nicht mehr in die Schweiz zurück und blieb in Jerusalem, wo 1943 ihr letzter Gedichtband »Mein blaues Klavier« erschien.

Die Herausgeberin **Heidrun Loeper**, 1942 geboren, Literaturwissenschaftlerin und Autorin; zuletzt von 1986 bis 2005 in der Akademie der Künste zu Berlin tätig. Veröffentlichungen vor allem zu Bertolt Brecht, Tilla Durieux, Friederike Mayröcker, Margarete Steffin und Arnold Zweig. Zu Else Lasker-Schüler das Hörspiel »Der Prinz von Theben in Berlin« (1989), einen kleinen Essay »Leben und Schreiben« (1992), Quellenedition, mit Ina Prescher: »Else Lasker-Schüler/Leopold Lindtberg, Briefwechsel zur Uraufführung von ›Arthur Aronymus und seine Väter‹, 1936 in Zürich« (2003) und den Vortrag »Else Lasker Schüler in Berlin« (2009-2011).